Dr. Ramona Höft
Dr. Thomas Diehn

Streitstände KOMPAKT
Band 1

Strafrecht I
Allgemeiner Teil

Höft, Ramona / Diehn, Thomas:
Strafrecht Allgemeiner Teil: Streitstände KOMPAKT I / von Ramona Höft und Thomas Diehn – 3. Auflage – Dänischenhagen: Richter Verlag, 2020
(Streitstände KOMPAKT) ISBN 978-3-935150-68-2

Ramona Höft:
Die Autorin hat Jura in Hamburg und Brisbane (Australien) studiert, Rechtsreferendariat und Promotion im Bereich des Wirtschaftsstrafrechts in Hamburg. Sie ist Rechtsanwältin im Bereich des Wirtschafts- und Steuerstrafrechts bei ROXIN Rechtsanwälte LLP in Hamburg und Lehrbeauftragte an der Bucerius Law School.

Thomas Diehn:
Dr. Diehn hat Jura in Berlin, Genf und Heidelberg studiert, Rechtsreferendariat und Promotion in München. Master of Laws (LL.M.) der Harvard Law School. Notarassessor in Bayern, Geschäftsführer der Bundesnotarkammer, Berlin. Seit 2013 im Notariat Bergstraße, Hamburg.

COPYRIGHT: Richter-Verlag
Hans-Peter Richter
Paul-Schroeder-Straße 18
24229 Dänischenhagen
Tel. 04349-1725
Fax 04349-571
E-mail: RICHTER-VERLAG@t-online.de
Website: www.Richter-Verlag.de

Druck und Verarbeitung: Sowa Druck, Warschau
Umschlaggestaltung & Druckvorbereitung: Stamp Media Kiel; Druckerei Schmidt & Klaunig, Kiel

3. Auflage 2020

ISBN 978-3-935150-68-2

Lern- und Klausurhinweise

Strafrecht ist ein **ausgesprochenes Lernfach**. Dieser Umstand macht Klausuren im Allgemeinen Teil des Strafrechts für Sie nicht einfacher. Ganz im Gegenteil: Die Erfahrung zeigt, dass Strafrechtsklausuren häufig am schlechtesten ausfallen. Der Grund dafür liegt häufig darin, dass dieses Fach unterschätzt und der Vorbereitung zu wenig Zeit geschenkt wird. Der Eindruck, das Strafrecht sei schnell und leicht zu beherrschen, täuscht über die wirklichen Schwierigkeiten dieses Rechtsgebiets hinweg. Wegen der relativ überschaubaren Stofffülle sind die Anforderungen sehr hoch:

Von Ihnen wird eine **Präzision** erwartet wie in keinem anderen Fach. Sowohl was die Qualität der Darstellung angeht – insbesondere die präzise Wiedergabe von Definitionen – als auch was die Kenntnis von Meinungsstreitigkeiten anbelangt, müssen Sie Überdurchschnittliches leisten.

Sie müssen in strafrechtlichen Klausuren außerdem ein Schreibpensum erledigen, das regelmäßig an die Grenze des Machbaren reicht. Zur Leistung im Strafrecht gehört damit auch ein **organisatorischer Aspekt**: Sie müssen sich geübt in Zeitmanagement zeigen. Nicht selten sind die Aufgaben bewusst überfordernd konzipiert. Sie müssen dann **Wesentliches vom Unwesentlichen** scheiden und Schwerpunke setzen. Um dies zu bewältigen, brauchen Sie solide Rechtskenntnisse, auf die Sie schnell zurückgreifen können. Diesem Aspekt dient dieses Buch. Ein anderer ist technischer Art: Sie müssen für sich verschiedene Methoden entwickeln, um Ihnen bekannte Probleme **unterschiedlich intensiv darzustellen**. Nur, wenn Sie die Detailtiefe präzise steuern können, ohne dass Ihre Darstellung unausgeglichen wirkt oder falsch wird, können Sie Zeitmanagement effektiv demonstrieren.

Ihre Aufgabe in der strafrechtlichen Klausur besteht auch darin, **Komplexität zu bewältigen**. Wenn Sie es schaffen, jeden Streitstand in der Darstellung auf das Wesentliche zu reduzieren, wird Ihre Argumentation in Klausuren überzeugen. Die wichtigste Erkenntnis auf dem Weg zu diesem Ziel dürfte sein, konsequent alle Probleme auf einen **2-seitigen Konflikt** zu reduzieren. Der 2-seitige Konflikt entspricht der Ihnen gestellten Aufgabe. Sie sollen entscheiden: **Ja oder Nein?** In Lehrbüchern werden häufig zwei Extrempositionen und eine differenzierende Lösung dargestellt. Bitte beachten Sie, dass Ihre Aufsichtsarbeit kein Lehrbuch werden soll. Deshalb ist die sogenannte differenzierende Lösung für Ihr Klausurproblem nicht differenzierend, sondern steht auf einer Seite: Ja oder

IV

Nein? Das müssen Sie bei der Darstellung eines jeden Streitstands berücksichtigen.

Die verschiedenen Positionen werden bei der Darstellung der Streitstände häufig „Theorien" genannt – dies geschieht der sprachlichen Einfachheit wegen. In der Klausur sollten Sie auf diese Bezeichnungen verzichten. Orientieren Sie sich allein am **Sachproblem**.

Insbesondere für Referendare gilt, dass die Lösung **praxistauglich** sein soll. Auch diesem Umstand soll die hier gewählte knappe Darstellung der Streitstände Rechnung tragen: Wer in einer Klausur bei der Abgrenzung von bewusster Fahrlässigkeit und Eventualvorsatz beginnt, die verschiedenen Untermeinungen der Wissens- und Wollenstheorien auszubreiten, verfehlt regelmäßig die gestellte Aufgabe, denn allein die Auflistung der verschiedenen Ansätze dauert so lange, dass für eine einfache Darlegung des Unterschieds zwischen Wissens- und Wollenstheorien keine Zeit mehr verbleibt. In der Klausur geht es jedoch gerade nicht um die feingliedrige wissenschaftliche Abhandlung eines Problems. Vielmehr sollen Sie zeigen, dass Sie den Kern der Thematik verstanden haben.

Beachten Sie, dass Grundwissen und Streitwissen sich in der Klausur oft die Waage halten: Die Fülle der Streitstände darf nicht darüber hinwegtäuschen, dass auch unstreitige Aspekte im Strafrecht AT schwierig sind, weil Sie in der Lage sein müssen, diese präzise aus dem Gesetz abzuleiten. Zwar sind juristische Argumentationen notwendige Bedingung für hohe Punktzahlen, jedoch müssen Sie – um an diesen Punkt zu gelangen – das **Problem zunächst erkennen und schildern**. Zusammenstellung der Streitstände soll Ihnen auch ein Gefühl dafür vermitteln, was im Einzelnen alles umstritten sein kann. Sie können aus dieser Reihe auch dadurch Nutzen ziehen, dass Sie **sensibler werden für in Aufsichtsarbeiten angelegte Probleme**. Die Streitstände setzen dabei **Vorwissen** voraussetzen und vermögen eine systematische Darstellung des Strafrechts AT nicht zu ersetzen. Nutzen Sie daher **ergänzend ein Lehrbuch**, etwa die Darstellungen von *Rudolf Rengier*, von *Johannes Wessels*, *Werner Beulke* und *Helmut Satzer* oder von *Urs Kindhäuser* und *Till Zimmermann*. Auch *Kristian Kühl* hat ein beeindruckendes Buch geschaffen, das allerdings sehr umfangreich ist. Letztlich kommt es darauf an, wie Sie mit dem jeweiligen Material zu Recht kommen. Zum Nachschlagen von Einzelproblemen empfehle ich die beiden Bände von *Claus Roxin*. Die Ausführlichkeit der Darstellung erleichtert das Verständnis schwieriger Probleme. Diese Bücher sind jedoch schon wegen ihres Umfanges nicht zum systematischen Durcharbeiten geeignet.

Wenn Sie mit diesem Buch arbeiten, **lesen Sie bitte alle angegebenen Vorschriften unmittelbar** nach. Darin liegt der wesentliche Teil des juristischen Lernens. Nur, wenn Sie sich den Normtext unmittelbar vor Augen halten, können Sie die verschiedenen Auffassungen und Argumente an das Gesetz anknüpfen. Sie zwingen sich auch zur **Subsumtion**, und genau dafür gibt es die Basispunkte in jeder Klausur. Tun Sie das immer, beim ersten Normkontakt, bei jeder Vertiefung und Wiederholung und auf jeden Fall auch bei jeder Anwendung in der Klausur.

Die rechts oben angegebenen **Fundstellen im Kommentar** zum Strafgesetzbuch von *Fischer* sollen Referendaren das Auffinden im zugelassenen Hilfsmittel erleichtern.

Bitte schreiben Sie mir sehr gerne und teilen Sie mir Ihre Anregungen oder Kritik mit. Sie erreichen mich unter **hoeft@roxin.de**. Ich werde mich um zügige Antwort bemühen.

Mein aufrichtiger Dank gilt unserer wissenschaftlichen Mitarbeiterin, Frau Katharina Funcke, für ihre großartige Unterstützung bei der Aktualisierung dieses Buches.

Hamburg, im März 2020   Ramona Höft

Inhalt

Tatbestand

Straftatbestände umschreiben menschliches Verhalten, das typischerweise strafbares Unrecht ist (Straftatbestände als „vertyptes Unrecht"). Die Erfüllung eines Straftatbestands indiziert auch die Rechtswidrigkeit der Tat. Das endgültige **Unwerturteil über die Tat** ist jedoch der Rechtswidrigkeit vorbehalten. Auf der Ebene der Schuld wird wiederum das **Unwerturteil über den Täter** gesprochen. Diesen beiden Elementen der Strafbarkeit sind separate Kapitel vorbehalten. Die genaue Beschreibung der einzelnen Straftatbestände ist Gegenstand des Besonderen Teils des StGB. Dieser wird in den STREITSTÄNDEN KOMPAKT STRAFRECHT II näher dargestellt.

Die allgemeinen Lehren, die in diesem ersten Abschnitt behandelt werden, betreffen – auf objektiver Ebene – den strafrechtlichen Handlungsbegriff, die Kausalität und die objektive Zurechnung. Das Unrecht einer Tat erschöpft sich jedoch nicht im – aus der Erfüllung des objektiven Tatbestandes resultierenden – **Erfolgsunwert**. Vielmehr ist dieses zusätzlich durch den **Handlungsunwert** geprägt, der sich erst aus der Erfüllung auch eines subjektiven Elements ergibt. Es ist mithin für ein strafbares Verhalten eine rechtlich missbilligte Willensbetätigung erforderlich. Aus § 15 StGB ergibt sich insoweit, dass grundsätzlich nur **vorsätzliches Handeln** unter Strafe steht, es sei denn, das Gesetz lässt ausnahmsweise ausdrücklich Fahrlässigkeit genügen.

Den wichtigsten Streitständen aus in diesen Bereichen widmet sich der erste Teil dieses Buches. Im Einzelnen finden Sie hier folgende Streitstände:

Ausgangspunkt im Strafrecht ist stets ein mit sozialschädlichen Folgen verbundenes menschliches Handeln. Umstritten ist,

Streitstand ⇨ welche Anforderungen an den strafrechtlichen Handlungsbegriff zu stellen sind.

a) Naturalistisch-kausale Handlungslehre

Nach der naturalistisch-kausalen Handlungslehre ist eine Handlung im Sinne des Strafrechts ein Kausalvorgang, für den es allein auf die durch einen Willkürakt verursachte Körperbewegung mit ihren Folgen in der Außenwelt, nicht jedoch auf den sozialen Sinngehalt des Geschehens ankommt.

Argument:

- Nur mit einem derart weiten Handlungsbegriff werden alle menschlichen Willensbetätigungen ohne Beachtung ihres Ziels erfasst. Eine Beschränkung kann auf anderen Ebenen des Tatbestandes stattfinden.

b) Finale Handlungslehre

Nach der von Welzel begründeten finalen Handlungslehre ist Handeln im strafrechtlichen Sinne die Ausübung einer Zwecktätigkeit, also ein finales – d.h. bewusst vom Ziel her gelenktes – und nicht lediglich kausales Geschehen.

Argument:

- Die weitergehende naturalistische Handlungslehre führt zu einem sinnentleerten Handlungsbegriff.

c) Soziale Handlungslehre

Die sozialen Handlungslehre sieht das allen Verhaltensformen gemeinsame Kriterium des Handlungsbegriffs in der sozialen Relevanz des menschlichen Tuns oder Unterlassens. Sie erfasst Handeln als sinnhaft gestaltenden Faktor der sozialen Wirklichkeit. Hiernach ist eine Handlung „das willkürliche Bewirken objektiv bezweckbarer sozialerheblicher Konsequenzen".

Argument:

- Der Mensch hat ein von Wertvorstellungen geprägtes Wertbild, das bei der Bewertung seines Tuns nicht außer Acht gelassen werden kann.

Hinweise

- In der Klausur wird das Vorliegen einer Handlung im strafrechtlichen Sinne in aller Regel unproblematisch sein, sodass es keiner gesonderten Erwähnung dieses Merkmals bedarf.

- Eine Auseinandersetzung mit diesem Merkmal sollte nur in wenigen Fällen erfolgen, namentlich bei: Spontanreaktionen (z.B. Wegschlagen einer Fliege), Reflexbewegungen, Verhalten im Schlaf oder unter Hypnose, Handeln unter vis compulsiva oder vis absoluta.

- Dann sollte folgende Formulierung grundsätzlich als Ausgangspunkt genutzt werden: „Handlung im Sinne des Strafrechts ist das vom menschlichen Willen beherrschte oder beherrschbare sozialerhebliche Verhalten. Sozialerheblich ist dabei jedes Verhalten, das die Beziehungen des Einzelnen zu seiner Umwelt berührt und nach seinen erstrebten oder unerwünschten Folgen im sozialen Bereich Gegenstand einer wertbezogenen Beurteilung sein kann."

Vertiefungsfundstelle

Kühl Strafrecht AT § 2 Rn 1 ff.

2	**Strafrechtliche Kausalitätslehren**	F v § 13 Rn 20 ff.

Kausalität als Merkmal des objektiven Tatbestands bezeichnet die **Verbindung** zwischen der Handlung des Täters und dem tatbestandsmäßigen Erfolg. Dabei ist anerkannt, dass jeder Umstand, der zum Eintritt des Erfolgs (mit) beigetragen hat, gleichwertig und damit ursächlich ist (Stichwort: ***Äquivalenztheorie***). Umstritten ist,

Streitstand ⇨ welches methodische Hilfsmittel für die Kausalitätsprüfung anzuwenden ist.

a) Conditio-sine-qua-non-Formel

Nach der conditio-sine-qua-non-Formel ist Ursache im Sinne des Strafrechts jede Bedingung eines Erfolges, die nicht hinweggedacht werden kann, ohne dass der Erfolg in seiner konkreten Gestalt entfiele (Stichwort: ***Hättest Du nicht..., wäre nicht...!***).

- Die conditio-Formel ist **praktikabel** und geeignet, Handlungen **auszuscheiden**, die mit dem Erfolg nichts zu tun haben (Stichwort: *Einfachheit*).

- Die Formel von der gesetzmäßigen Bedingung führt zu Begründungsschwierigkeiten, da stets eine Auslegung nach menschlicher Erfahrung notwendig ist.

b) Formel von der gesetzmäßigen Bedingung

Nach der Formel von der gesetzmäßigen Bedingung (TdL) wird ein Verhalten als Ursache eines Erfolges angesehen, wenn sich an die betreffende Handlung zeitlich nachfolgende Veränderungen in der Außenwelt angeschlossen haben, die mit der Handlung nach den uns bekannten Naturgesetzen notwendig verbunden waren und sich als tatbestandsmäßiger Erfolg darstellen (Stichwort: *naturgesetzliche Veränderungskette*).

Argument:

- Der Vorteil der Formel von der gesetzmäßigen Bedingung liegt im **Verzicht auf hypothetische Erwägungen** (Stichwort: *Spekulationsverzicht*).

Hinweise

- Beide Formeln führen regelmäßig zu gleichen Ergebnissen. Sie können daher in den Klausuren parallel genannt werden. In aller Regel reicht in der Klausur jedoch eine Benennung der und Subsumtion unter die conditio-Formel aus. Lediglich in Ausnahmefällen (*Bsp.: Kausalität bei Gremienentscheidungen [Stichwort: Lederspray], black box-Konstellationen [Stichwort: Holzschutzmittel, Contergan]*) sollte auch die Formel von der gesetzmäßigen Bedingung benannt werden.

- Zur conditio-Formel sind einige Anwendungsregeln anerkannt und müssen beachtet werden:

  - **Hypothetische Kausalverläufe sind unbeachtlich.** Ersatzursachen dürfen nicht hinzugedacht werden (*Bsp.: Ersatztäter und ihr rechtswidriges Verhalten sind unbeachtlich*). Der Umstand, dass der Erfolg später aufgrund anderer Ereignisse und in anderer Weise ebenfalls eingetreten wäre, ist unbeachtlich.

  - Umgekehrt müssen **rettende Kausalverläufe** hinzugedacht werden (*Bsp.: A hindert B daran, C zu retten. Die hypothetische Rettung durch B muss hinzugedacht werden*).

- Eine weitere Ausnahme vom Grundsatz, dass hypothetische Kausal-verläufe nicht zu berücksichtigen sind, liegt beim so genannten rechtmäßigen Alternativverhalten vor (siehe STREITSTAND Nr. 62).
- Für Kausalität ist die **Mitursächlichkeit** oder **Beschleunigung** des Erfolgseintritts ausreichend.
- Auch die beim unechten Unterlassungsdelikt zu prüfende **"Quasikausalität"** ist eine Form der ausnahmsweise zulässigen hypothetischen Kausalitätsbetrachtung: Kausal ist diejenige gebotene Rettung, die nicht hinzugedacht werden kann, ohne dass der Erfolg mit an Sicherheit grenzender Wahrscheinlichkeit entfiele.

- **Atypische Kausalverläufe** führen in aller Regel nicht zur Verneinung der Kausalität.

- Die Kausalität wird nicht durch ein mitwirkendes Verschulden des Opfers oder das Eingreifen eines Dritten unterbrochen, soweit die durch den Tä-ter gesetzte Bedingung bis zum Erfolgseintritt **fortwirkt**.

- Im Falle **abgebrochener bzw. überholender Kausalität** ist die zuerst gesetzte Bedingung jedoch nicht mehr kausale Ursache (*Bsp.: Vergifte-ter wird erschossen, bevor das Gift wirken kann; das Vergiften ist dann nicht kausal für den Tod*).

- Im Bereich der **Alternativ- bzw. Doppelkausalität** (*Bsp.: A und B vergif-ten C unabhängig voneinander durch eine je tödliche Giftdosis*) muss die conditio-Formel modifiziert werden: Von mehreren Bedingungen, die zwar alternativ, nicht aber kumulativ hinweggedacht werden können, oh-ne dass der Erfolg in seiner konkreten Gestalt entfiele, ist **jede** für den Erfolg ursächlich. Ohne diese Präzisierung wäre keine der beiden Hand-lungen kausal.

  Kollektiventscheidungen in Gremien sind Fälle alternativer Kausalität. Beschließen fünf Geschäftsführer einer GmbH, Abwässer in einen Fluss einzuleiten (§ 324 StGB), ist jede Stimme ursächlich, auch wenn der Be-schluss mit einfacher Mehrheit hätte gefasst werden können.

- Davon zu unterscheiden sind Fälle **kumulativer Kausalität**, in denen erst zwei Ursachen zusammen den Erfolg herbeiführen (*Bsp.: zwei je-weils ungefährliche Giftgaben, die erst zusammen tödlich sind*). Jedes Verhalten ist ohne weiteres kausal.

  - Jedoch ist der Erfolg in diesen Fällen nach hL **nicht objektiv zure-chenbar**, da dieser Kausalverlauf in der Regel völlig außerhalb jeder Lebenserfahrung liege.

– Nach der Rechtsprechung liegt ein beachtlicher **Irrtum über den Kausalverlauf** vor, weil die jeweils andere Ursache nicht vorhersehbar war und eine andere rechtliche Bewertung der Tat erforderlich macht.

– In der Klausur muss bei der Kausalität in diesen Fällen lediglich stringent subsumiert und das Stichwort „kumulative Kausalität" genannt werden.

Vertiefungsfundstelle

Kühl Strafrecht AT § 4 Rn 1 ff.

3	**Abgrenzung zwischen Selbstgefährdung und Fremdgefährdung**	F v § 13 Rn 36 f.

Der erforderliche Kausalzusammenhang ist nur ein erster Filter. Er funktioniert nur **reichlich grob** und muss deshalb durch normative Zurechnungskriterien ergänzt werden. Diese werden im Rahmen des Prüfungspunktes „objektive Zurechnung" berücksichtigt.

Objektiv zurechenbar ist ein Erfolg dann, wenn der Täter durch sein Verhalten eine rechtlich missbilligte Gefahr geschaffen oder erhöht hat (Stichwort: *Setzen einer rechtlich missbilligten Gefahr*), die sich im konkreten Erfolg tatsächlich verwirklicht hat (Stichwort: *Realisierung der Gefahr im Erfolg*).
Der Täter setzt dabei eine Gefahr, wenn sich nach allgemeiner Erfahrung voraussagen lässt, dass ein bestimmtes Verhalten dazu geeignet ist, bestimmte Schäden für ein Rechtsgut herbeizuführen. Bei der Frage nach der rechtlichen Missbilligung der gesetzten Gefahr sind der Schutzzweck der verletzten Norm, das allgemeine Lebensrisiko, die Reichweite des erlaubten Risikos und der Vertrauensgrundsatz zu berücksichtigen. Bereits an einer **relevanten Gefahrschaffung fehlt** es daher in folgenden Fällen:

- Der Schadenseintritt war **äußerst unwahrscheinlich** und er vollzog sich **außerhalb menschlicher Beherrschbarkeit** (*Bsp.: Veranlassung eines Gewitterspaziergangs in der Hoffnung eines tödlichen Blitzes*). Zu dieser Kategorie zählt auch die Schaffung **erlaubter Risiken** (*Bsp.: Überredung des Erbonkels zu einer Flugreise in der Hoffnung, das Flugzeug stürze ab*) und **sozialadäquates Verhalten** (*Bsp.: Besuch der Erbtante trotz eigener Erkältung, um sie durch Ansteckung zu töten*).

- **Reine Risikoverringerung** (*Bsp.: Ablenkung des Kopfschlages auf die Schulter*). Anders liegt es hingegen, wenn eine völlig neue, andersartige Ursachenreihe in Gang gesetzt. Sie ist tatbestandsmäßig (*Bsp.: Hinaus-*

werfen eines Kindes aus dem brennenden Haus, um es zu retten). Es kommt eine Rechtfertigung wegen Notstandshilfe nach § 34 StGB in Betracht (vgl. die Hinweise zu STREITSTAND Nr. 71 zur ähnlichen Problematik der Ab- und Umstiftung.).

Bei der Frage nach der Realisierung der Gefahr im Erfolg kommt es insb. in folgenden Konstellationen zu einer Unterbrechung der Zurechnung: **atypischer Kausalverlauf, eigenverantwortliche Selbstgefährdung/-schädigung des Opfers, Dazwischentreten Dritter**.

Der Zurechnungszusammenhang ist insbesondere unterbrochen, wenn der Erfolg nicht im Verantwortungsbereich des Täters, sondern eines Dritten eintritt (Stichwort: *Fremdverantwortung*). Neben den Fällen „echter" Drittverantwortung kann „Dritter" auch das Opfer selbst sein. Es kann sich selbst gefährden (Stichwort: *freiverantwortliche Selbstgefährdung*) oder sich bewusst vom „Täter" gefährden lassen (Stichwort: *einverständliche Fremdgefährdung*). Im ersten Fall ist der Zurechnungsausschluss anerkannt, wenn das Opfer freiverantwortlich gehandelt hat. Umstritten ist,

Streitstand ⇨ nach welchen Kriterien die Selbst- von der Fremdgefährdung abgegrenzt wird.

a) Theorie vom Risikowissen

Teilweise wird eine freiverantwortliche Selbstgefährdung angenommen, sofern die Entscheidung für eine Gefahrensituation frei und in voller **Kenntnis des Risikos** getroffen wurde. Eine Fremdgefährdung liege vor, wenn andere Beteiligte über besseres, überlegenes Sachwissen hinsichtlich des Risikos oder der Tragweite der Entscheidung verfügen.

Argumente:

- Materiell frei handelt, wer sich dem Risiko und der Tragweite seiner Entscheidung für eine Gefahrensituation bewusst ist (Stichwort: *Risikoprinzip*).

- Wer sich in voller Kenntnis in eine Gefahrensituation begibt, trägt auch die Folgen seiner Entscheidung und kann nicht Dritte strafrechtlich dafür verantwortlich machen (Stichwort: *Verantwortungsprinzip*).

b) Tatherrschaftslösung

Überwiegend wird auf die Tatherrschaft über die Gefährdungshandlung abgestellt.

- Nach **allgemeinen Regeln** ist Täter, wer das zum Deliktserfolg führende Geschehen beherrscht. Ohne Mitherrschaft des Opfers scheidet eine Selbstgefährdung selbst dann aus, wenn es volles Risikowissen hatte (Stichwort: *Beherrschungsgedanke*).

- Auf die Abgrenzung bei Gefährdungen sind die gleichen Regeln anzuwenden wie zwischen Selbstverletzung und Fremdverletzung (Stichwort: *Verletzungsgleichstellung*).

Hinweise

- Nach der Tatherrschaftslösung spielt das Risikowissen nur für die Frage der Eigenverantwortlichkeit, nicht aber für die **vorgelagerte** Frage der Selbst- oder Fremdgefährdung eine Rolle. Der Zurechnungszusammenhang ist nur unterbrochen, wenn sowohl Mitherrschaft als auch Risikowissen des Opfers zu bejahen sind.

- Die **Rechtsprechung**

  – wendet die Kategorie der objektiven Zurechnung bei Vorsatzdelikten bislang nur im Bereich der freiverantwortlichen Selbstschädigung an und stellt im Übrigen auf den subjektiven Tatbestand ab (Stichwort: *wesentlicher Irrtum über den Kausalverlauf, § 16 I StGB*).

  – stellt für die Unterscheidung zwischen Selbst- und Fremdgefährdung auf das die Kriterien zur Unterscheidung zwischen Täterschaft und Teilnahme ab (Stichwort: *Gefährdungsherrschaft*).

- Generell umstritten ist, nach welchen Kriterien die **Freiverantwortlichkeit** festgestellt wird.

  – Nach der **Schuldtheorie** kommt es analog §§ 19, 20, 35 StGB, 3 JGG darauf an, ob ein Irrtum vorliegt, der auch bei Fremdschädigungen eine Verantwortlichkeit ausschließen würde (Stichwort: *Fremdschädigungsvergleich*).

  – Nach der **Einwilligungstheorie** schließen auch Motivirrtümer die Freiverantwortlichkeit aus. Die **Irrtumsschwelle** müsse hier so **niedrig** sein, weil eine Hemmschwelle – wie sie typisch bei Fremdschädigungen sei – bei Selbstschädigungen fehle.

Vertiefungsfundstellen

Rönnau Jus 2019, 119; *Kühl* Strafrecht AT § 4 Rn 88a

Ein häufiges Beispiel für die soeben beschriebene Fallgruppe sind **Selbstgefährdungen von Rettungspersonen** (Stichwort: *Retterfälle*). Dabei ist umstritten, ob ein

 Streitstand ⇨ **Zurechnungszusammenhang zwischen Ersthandlung und Selbstgefährdung besteht.**

Bsp.: Der Polizist verfolgt einen Einbrecher und verunglückt dabei tödlich.

a) Zurechnungslösung

Wohl überwiegend – auch durch die Rechtsprechung – wird der Zurechnungszusammenhang auch bei Selbstgefährdungen von Rettern bejaht, wenn die Rettungshandlung **nicht von Anfang an sinnlos** oder mit **unverhältnismäßigen Risiken** verbunden war. (Analog § 35 StGB sollen auch unvernünftige Rettungshandlungen durch nahestehende Personen zugerechnet werden.)

Argument:

- Es verwirklicht sich noch das vom Täter geschaffene Risiko (Stichwort: *Risikosphäre*), weil er für Retter einen nachvollziehbaren **Motivationsdruck** zur Rettungshandlung schafft (Stichwort: *verständliche Motivation*).

- Zudem wird der Retter aufgrund einer berufsspezifischen Handlungspflicht im Dienst tätig.

b) Nichtzurechnungslösung

Teilweise wird eine Zurechnung in Retterfällen **generell abgelehnt**.

Argumente:

- Es verwirklicht sich ein Risiko, das der Retter **bewusst** eingeht. Es ist daher auch **seinem Verantwortungsbereich** zugewiesen.

- In Verfolgerfällen kommt hinzu, dass sich der Delinquent nicht stellen muss, da ihn **keine Obliegenheit** zur Mitwirkung an seiner Bestrafung trifft. Dann kann er auch für daraus resultierende Unfälle nicht verantwortlich gemacht werden.

Hinweise

- Teilweise wird auch bei der Verletzung von **berufsmäßigen Rettern** wie Feuerwehrleuten eine Zurechnung generell bejaht. Dem wird entgegengehalten, dass auch der Feuerwehrmann jedenfalls seine Berufspflicht freiwillig übernommen habe.

- Die sog. Retterfälle kommen besonders häufig bei **Brandstiftungsdelikten** vor. Dabei kommen dann spezifische Argumentationsfiguren hinzu. Retterschäden würden außerhalb des Schutzbereichs der Brandstiftungsdelikte liegen, weil sich in ihnen kein typisches Brandstiftungsrisiko verwirkliche. Dagegen wird vorgetragen, gerade das Eingreifen der Feuerwehr sei brandstiftungstypisch.

- Im klausurträchtigen Bereich der „Retter" sind auch Beispiele „echter" zurechnungsausschließender **anknüpfender Drittverursachungen** denkbar. Typisch ist etwa die Fallgruppe, dass gerade Retter einen strafrechtlich relevanten Erfolg vermitteln.

  Bsp.: Nachdem der Täter das Opfer verletzt hatte, verstirbt es infolge eines ärztlichen Kunstfehlers.

  Dabei ist umstritten, **wann Fehler von Rettern dem ersthandelnden Täter zurechenbar sind.**

  – Teilweise wird vertreten, eine Zurechnung der Fehler von Rettern scheide aus. Kommt das Opfer durch Fehler von Rettern zu Schaden, ersetze der Retter das ursprüngliche Risiko durch ein völlig neues Risiko (Stichwort: *Risikoverdrängung*), das ausschließlich in seinem Verantwortungsbereich liege (Stichwort: *Abgrenzung der Verantwortungsbereiche*).

  – Überwiegend werden Fehler von Rettern dem Ersthandelnden zugerechnet, solange dem Retter **keine grobe Fahrlässigkeit** zur Last fällt. Der Erfolg sei zurechenbar, weil er gerade wegen der Abwendung der vom Ersthandelnden geschaffenen Gefahr eingetreten ist. Der Täter könne sich auf ein Versagen von Helfern nicht berufen, weil der Erfolg immer auch beim Versuch der Abwendung einer Gefahr eintreten kann. Eine Verantwortungsverschiebung trete erst bei schweren ärztlichen Verfehlungen ein.

Vertiefungsfundstellen

Sch/Sch/Eisele Vorbem §§ 13 ff. Rn 100 ff.; *Hillenkamp/Cornelius* Problem Nr. 32 (zur Frage der Fahrlässigkeit trotz eines vorsätzlich handelnden Dritten); *Kühl* Strafrecht AT § 4 Rn 96

Vorsatzformen des Strafrechts sind Absicht (dolus directus 1. Grades), Wissentlichkeit (dolus directus 2. Grades) und bedingter Vorsatz (dolus eventualis). Zum Vorsatz gehören die **Kenntnis** der Tatumstände und der **Wille** zur Tatbestandsverwirklichung. Dolus directus 1. Grades liegt dabei vor, wenn es dem Täter gerade darauf ankommt, den Erfolg als Ziel oder notwendiges Zwischenziel herbeizuführen. Auf der intellektuellen Seite genügt das Für-möglich-Halten. Dolus directus 2. Grades ist gegeben, wenn der Täter weiß, dass der tatbestandsmäßige Erfolg eintreten wird, es diesen für mit dem Hauptziel sicher verbunden hält oder „wider besseres Wissen" handelt, und zwar auch dann, wenn ihm diese Folge höchst unerwünscht ist. Der bedingte Vorsatz wiederum muss von bewusster Fahrlässigkeit abgegrenzt werden. Anerkannt ist, dass auch er ein **Wissenselement** enthält: Der Täter muss den Erfolgseintritt zumindest für möglich halten. Insoweit bestehende Meinungsverschiedenheiten in Detailfragen (Stichworte: *Möglichkeitstheorie, Wahrscheinlichkeitstheorie, Risikolehren*) können in der Klausur getrost dahinstehen (**Details aber im Hinweis**). Die wichtige und umstrittene Grundsatzfrage, die auch in der Klausur diskutiert werden muss, lautet,

 **Streitstand** ⇨ **ob auch der Eventualvorsatz ein Willenselement enthält.**

a) Vorstellungstheorien

Teilweise wird ein Willenselement beim Eventualvorsatz für **entbehrlich** gehalten; eine bestimmte Vorstellung des Täters von der Tatbestandsverwirklichung genüge (Stichwort: *Tatbestandswissen*).

Argumente:

- Der Appell einer Strafnorm erreicht bereits den Handelnden, der ihre Verwirklichung für möglich hält. Wer dennoch handelt, setzt sich bereits bewusst über das Verbot hinweg (Stichwort: *Missachtung des Normappells*).

- Auf Emotionen kommt es bei sicherer Erfolgsvorstellung des Täters nicht an; bei unsicherer Vorstellung der Tatbestandsverwirklichung ebenso nicht.

b) Willenstheorien

Ganz überwiegend wird auch beim Eventualvorsatz eine Willenskomponente für erforderlich gehalten (Stichwort: *Tatbestandswollen*).

- Die Struktur des Vorsatzes mit Wissen und Wollen gilt für **alle** Vorsatzarten (Stichwort: *Strukturgleichheit*).

- Der Vorsatztäter hebt sich im Unrechtsmaß vom fahrlässig Handelnden deshalb ab, weil er die Tatbestandsverwirklichung **will**; die bloße Vorstellung von der Tatbestandsverwirklichung enthält hingegen noch keine **Entscheidung gegen das Recht** (Stichwort: *qualitative Unrechtssteigerung*).

Hinweise

- Die verschiedenen **Spielarten der Vorstellungstheorien** unterscheiden sich vor allem in der geforderten **Intensität** der vorsatzbegründenden Umstandskenntnis. Im Einzelnen kommen in Betracht:

  - Möglichkeitstheorie (konkrete Vorstellung über die Möglichkeit der Rechtsgutsverletzung)

  - Wahrscheinlichkeitstheorie (Rechtsgutsverletzung für wahrscheinlich halten)

  - Gefährdungstheorie (Erkennen der Gefahr einer Rechtsgutsverletzung)

- Auf dem Boden der **voluntativen Theorie**

  - bejaht die Rechtsprechung Vorsatz, wenn der Täter den Erfolgseintritt für möglich hält und ihn billigend in Kauf nimmt (Stichwort: *Billigungstheorie*). Suchen Sie diese Schlüsselwörter im Sachverhalt!

  - Die **Ernstnahmetheorie** verlangt die Ernstnahme des Risikos einer Rechtsgutsverletzung. Im Sachverhalt steht „**hoffte** auf guten Ausgang" für Vorsatz bzw. „**vertraute** auf guten Ausgang" für Fahrlässigkeit.

  - Die Gleichgültigkeitstheorie verlangt gleichgültiges Handeln hinsichtlich der Rechtsgutsverletzung.

- An die Feststellung vorsätzlichen Handelns bei Tötungsdelikten stellt die Rechtsprechung hohe Anforderungen. Dafür wird die dem Menschen eigene **hohe Hemmschwelle** zu töten angeführt. Außerdem muss das gewaltige Strafmaßgefälle zwischen § 222 StGB und § 212 StGB auch in der Unrechtsabstufung Ausdruck finden. Die Hemmschwelle besteht bei Fahrlässigkeits- und Unterlassungsdelikten naturgemäß nicht.

- Schwierigkeiten bereitet auch die **Auslegung des Begriffs der Absicht**. Er wird im StGB nicht einheitlich verwendet. Deshalb handelt es sich in erster Linie um eine Frage des Besonderen Teils.

  - Anerkannt ist aber, dass dolus eventualis in diesen Fällen nicht genügt.

  - Wird durch die geforderte Absicht eine besonders motivierte Rechtsverletzung aus einem großen Kreis herausgehoben – steht also das **Motiv des Täters** im Mittelpunkt –, so ist **dolus directus 1. Grades** erforderlich. Das trifft insbesondere auf die zahlreichen überschießenden Innentendenzen, etwa bei Zueignungs- und Bereicherungsabsichten, zu.

  - Stellt die geforderte Absicht hingegen den **Bezug zum geschützten Rechtsgut** her, genügt **dolus directus 2. Grades**. Dies ist etwa beim Handeln „zur Täuschung im Rechtsverkehr" i.S.d. § 267 I StGB der Fall.

Vertiefungsfundstellen

Hillenkamp/Cornelius Problem Nr. 1; *Kühl* Strafrecht AT § 5 Rn 45 ff., 85 ff.

6	**Dolus alternativus**	F § 15 Rn 11 f.

Mehrere Vorsatzformen können derart aufeinandertreffen, dass der Täter nur eine Handlung vornehmen will, aber sowohl die Verwirklichung des einen Tatbestands in Kauf nimmt wie auch die eines anderen, wobei sich beide Tatbestände **gegenseitig ausschließen** (sonst: *dolus cumulativus*, s. Hinweis).

 **Streitstand** ⇨ **Die Bewertung des Alternativvorsatzes ist sehr umstritten.**

Bsp.: Der Wilderer schießt, um den ihn verfolgenden Jäger zu treffen (§ 212 StGB) oder wenigstens dessen Jagdhund (§ 303 StGB).

a) Große Konkurrenzlösung

Überwiegend wird das Problem auf Konkurrenzebene durch Annahme von **Tateinheit aller** verwirklichten vollendeten und versuchten Delikte behandelt (Stichwort: *Tateinheit*).

- Alternative Vorsätze können **ohne weiteres nebeneinander** existieren, sofern einer als Eventualvorsatz besteht (Stichwort: *Co-Existenz*).

- Es besteht keine Veranlassung, von der Verurteilung aus Strafgesetzen abzusehen, zu deren Verletzung der Täter vorsätzliche Ausführungshandlungen unternommen hat (Stichwort: *Strafbedürfnis*).

b) Differenzierte Konkurrenzlösung

Teilweise wird die Konkurrenzlösung dahingehend modifiziert, dass der Versuch des leichteren Delikts als **mitbestrafte Begleittat** hinter das schwerere Delikt zurücktritt.

Argument:

- Mit der objektiven Verwirklichung des schwereren Delikts sind Versuche annähernd gleicher Schutzrichtung und Tatschwere **bereits mit abgegolten** (Stichwort: *Mitabgeltung*).

c) Tatbestandslösung

Teilweise wird **bereits auf Tatbestandsebene** der **Vorsatz** bezüglich des leichteren Delikts für unbeachtlich gehalten.

Argumente:

- Der Täter weiß, dass er im Ergebnis nur einen Erfolg herbeiführen kann und will auch nur das (Stichwort: *abstrakte Vorsatzbeschränkung*).

- Bei einer anderen Behandlung werden die Grenzen zum sog. dolus cumulativus (= Ausgehen von der Bewirkung mehrerer Erfolge) verwischt.

Hinweise

- Beim **dolus cumulativus** hält der Täter es für möglich, **neben** dem von ihm gewollten Delikt einen weiteren Erfolg herbeizuführen. Da anders als beim dolus alternativus die beiden Vorstellungen sich nicht gegenseitig ausschließen, haftet er für alle vollendeten und versuchten Delikte.

- Vom dolus cumulativus zu unterscheiden ist der folgende Fall:

  Bsp.: A will B töten. Er hält C irrig für B, zielt auf ihn und drückt ab. Der Schuss verfehlt jedoch C und trifft den ihn begleitenden B.

  Hier liegt eine **Kombination** von error in persona und aberratio ictus vor. Auch wenn im Ergebnis der Erfolg eingetreten ist, den sich A vorgestellt hatte, kann die Konkretisierung des Tatvorsatzes auf das anvisierte Ziel nicht außer Betracht bleiben. Überwiegend wird die Konstellation daher nach den Regeln der aberratio ictus behandelt, s. STREITSTAND Nr. 11.

- Umstritten ist auch die Frage, ob die **Tat am falschen Objekt als untauglicher Versuch am richtigen** zu bestrafen ist. Diese Problematik wird insbesondere von den Vertretern der aberratio ictus-Lösung beim error in persona des Angestifteten diskutiert (näher STREITSTAND Nr. 12):

  – Selten wird die Tat am falschen Objekt als untauglicher Versuch am richtigen bewertet, weil sich der Angriff gerade als Versuch darstelle, den im Sinne des Anstifters Richtigen zu treffen.

  – Dagegen betont die ganz hM, dass die zusätzliche Versuchsstrafbarkeit zu einer **Vorsatzverdopplung** im Schuldspruch führen würde, obwohl der Täter nur einen Rechtsgutsangriff gewollt hat. Im Übrigen wäre es widersprüchlich, den error in persona beim Vollendungsdelikt für unbeachtlich zu halten, beim Versuch jedoch die Identität des Opfers in den Vordergrund zu rücken. Der error in persona des Angestifteten führe daher nicht zur Anstiftung zum Versuch, sondern allenfalls zur versuchten Anstiftung i.S.v. § 30 StGB.

Vertiefungsfundstellen

Kühl Strafrecht AT § 5 Rn 27a f.; *Roxin* AT I § 12 Rn 92 ff.

---

 7 | Kombination von Tatbestandsirrtum und umgekehrtem Verbotsirrtum

F
§ 16
Rn 13a

Ein „Doppelirrtum" liegt auf Tatbestandsebene vor, wenn der Täter einen Umstand des gesetzlichen Tatbestands **nicht erkennt**, jedoch seine unzutreffende Tatsachenvorstellung für tatbestandsmäßig hält.

Bsp.: Der Täter hält den ihn vernehmenden Ermittlungsrichter für einen Staatsanwalt, diesen aber zugleich entgegen § 161a I 3 StPO für zur Eidesabnahme zuständig.

Im Ergebnis entspricht das Vorstellungsbild des Täters trotz Tatumstandsirrtums (§ 16 I 1 StGB) dem Tatbestand von § 153 I StGB. Deshalb ist umstritten,

 **Streitstand** ⟹ **wie derartige Doppelirrtümer rechtlich zu bewerten sind.**

15

a) Kompensationslehre

Überwiegend wird der Doppelirrtum im Ergebnis für **unbeachtlich** gehalten.

Argumente:

- Im Ergebnis **stimmen** objektive Lage und Vorstellungsbild des Täters **überein**. Der Tatbestand ist daher erfüllt.

- Die Tatsachenunkenntnis kann keine vorsatzausschließende Wirkung nach § 16 I 1 StGB haben, weil der Mangel durch den gleichzeitigen umgekehrten Tatumstandsirrtum **kompensiert** wird: Der Täter ist zum strafbaren untauglichen Versuch entschlossen. Dieser Tatentschluss ergänzt das objektive Unrecht zur vollendeten Vorsatztat (Stichwort: *Additionsmethode*).

b) Rechtsirrtumslehre

Teilweise wird eine **Vorsatztat für ausgeschlossen** gehalten.

Argumente:

- Die wahnhaft nachteilige Verkennung des Normbereichs kann **nie** strafbegründende Wirkung entfalten (Stichwort: *Wahndelikt*). Daran ändert der zusätzliche Tatumstandsirrtum nichts.

- Vorsatz bezüglich strafbaren Unrechts fehlt (vgl. § 16 I 1 StGB), weil der Täter die **objektiven Tatumstände nicht erkannt** hat.

Hinweis

Irrt der Täter über die Umstände, die ein objektives Tatbestandsmerkmal erfüllen, und stellt sich zugleich alternative, das Merkmal erfüllende Umstände vor, ist der Irrtum unbeachtlich, wenn die Merkmale qualitativ gleichwertig sind.

Vertiefungsfundstelle

Kühl Strafrecht AT § 5 Rn 27a f.

Dolus generalis bedeutet „allgemeiner Vorsatz". Damit untrennbar verbunden ist das strafrechtliche „Jahrhundertproblem" des **Jauchegrubenfalls**:

Fall: *T stopft O mit Tötungsvorsatz Sand in den Mund. Als er die bewusstlose O für tot hält, wirft er sie in eine Jauchegrube, wo O erstickt.*

Die Zweithandlung wurde ohne Tötungsvorsatz vorgenommen. Anerkannt ist heute, dass der bei der Ersthandlung bestehende Vorsatz nicht auf die Zweithandlung erstreckt werden kann, weil der **dolus antecedens unbeachtlich** ist (Stichwort: **Koinzidenzprinzip**). Ein solcher dolus generalis wird heute allgemein abgelehnt. Deshalb stellt sich die umstrittene Frage, ob

Streitstand ⇨ der Erfolg als vorsätzliches Unrecht durch Anknüpfung an die <u>Erst</u>handlung zurechenbar ist.

Das Problem kann auf der Ebene der objektiven Zurechnung diskutiert werden oder mit der Rechtsprechung als Irrtum über den Kausalverlauf, wie es hier geschehen soll. Ausgangspunkt ist, dass ein solcher Irrtum über den Kausalverlauf nur bei **Wesentlichkeit** zum Vorsatzausschluss nach § 16 I 1 StGB führt.

a) Nichtzurechnungslösung = Versuchslösung

Teilweise wird vertreten, das durch die Zweithandlung bewirkte Unrecht könne nicht an die Ersthandlung angeknüpft werden. Die Abweichung im Kausalverlauf sei so wesentlich, dass eine andere rechtliche Bewertung der Tat erforderlich sei (nämlich Versuch und gegebenenfalls fahrlässige Tat).

Argument:

- Der Tatverlauf stimmt mit der Tätervorstellung überhaupt nicht überein, weil das Opfer durch eine **ganz andere Handlung** und auf **ganz andere Art und Weise** zu Tode kam. Bei einer anderen Bewertung wird dem Täter ein bereits erloschener Vorsatz unterstellt.

b) Zurechnungslösung

Nach der Rechtsprechung kann der Erfolg **subjektiv zugerechnet** werden. Es liegt keine wesentliche Abweichung vom vorgestellten Kausalverlauf vor.

Argument:

- Der tatsächliche Kausalverlauf rechtfertigt keine andere rechtliche Bewertung der Tat, weil der gewollte **Erfolg eingetreten** ist, und zwar im **zeitlichen Zusammenhang** mit der vorsätzlichen Ersthandlung.

c) Tatplantheorie

Teilweise wird der Erfolg zugerechnet, wenn der Täter hinsichtlich des Todeserfolgs **absichtlich** gehandelt hatte.

Argument:

- Bei bloß bedingtem Vorsatz realisiert sich durch die Zweithandlung der Tatplan nicht. Der Erfolg stellt sich als bloßes Missgeschick dar, weil er zur Erreichung der Täterziele unnötig war (Stichwort: *Tatplanverwirklichung*).

Hinweise

- Von dolus generalis wird teilweise auch gesprochen, wenn es dem Täter nicht auf die Verletzung eines bestimmten Objekts ankommt, er aber weiß, den Erfolg an **irgendeinem** oder mehreren herbeizuführen.

- Will der Täter den Erfolg **erst durch eine Zweithandlung** herbeiführen, und tritt er tatsächlich durch eine bereits versuchsbegründende Ersthandlung ein, handelt es sich um den quasi **umgekehrten Fall** dieses Streitstands (Stichwort: *umgekehrter dolus generalis*).

  - Teilweise wird vertreten, es liege ein **Versuch**, ggf. in Tatmehrheit mit einer Fahrlässigkeitstat vor. Dem Täter dürfe das Rücktrittsrecht nicht vorzeitig abgeschnitten werden, wenn nach seiner Vorstellung von der Tat der Erfolg erst später eintreten sollte. Aus untauglichem Versuch und Erfolgseintritt ergebe sich noch keine Vollendungsstrafbarkeit.

  - Ganz überwiegend wird der „verfrühte" Erfolgseintritt für eine unbeachtliche **unwesentliche Abweichung** vom Kausalverlauf gehalten, solange der Täter zumindest das Stadium des Versuchs erreicht, also zur Tat unmittelbar angesetzt hat. Wie jeder frühzeitige Fehlschlag schließe der frühzeitige Erfolgseintritt den Rücktritt aus.

  - Anerkannt ist hingegen, dass der Erfolgseintritt infolge bloßer Vorbereitungshandlungen allein eine fahrlässige Tat darstellen kann.

- Wird der Täter **während der Tat schuldunfähig** (z.B. Blutrausch) und führt er die unmittelbar zum Todeserfolg führende Handlung in diesem Zustand aus, wird überwiegend dennoch aus vollendeter Vorsatztat bestraft. Es liege eine unwesentliche Abweichung vom Kausalverlauf vor.

Vertiefungsfundstellen

Kühl Strafrecht AT § 13 Rn 46 ff.; *Roxin* AT I § 12 Rn 174 ff.

18

Vorsatz muss sich stets auf alle Tatumstände erstrecken. Visiert der Täter ein bestimmtes Objekt mit seinem Angriff an, irrt aber über dessen Identität oder sonstige Eigenschaften, liegt ein sog. error in persona vel obiecto vor.

Dann stellt sich die Frage,

Streitstand ⇨ **wie ein solcher error in persona vel obiecto zu behandeln ist.**

Bsp.:   *T zielt auf A, hält diesen aber für B.*

Bsp.:   *T zielt auf ein konkretes, sich im Dickicht bewegendes Objekt und hält die-*
ses für ein Wildschwein; in Wahrheit handelt es sich jedoch um ein
Kräuterweib.

a) Versuchslösung

Eine Ansicht will neben der Vollendung am „falschen" Tatobjekt noch einen Versuch am „richtigen" Tatobjekt annehmen, geht also von Vorsatz mit Blick auf beide Objekte aus.

Argument:

- In der Tathandlung hat sich zugleich der Vorsatz hinsichtlich des „richti-gen" Tatobjekts manifestiert.

b) Konkretisierungstheorie

Die ganz herrschende Meinung differenziert hingegen bei ihrer Bewertung nach der tatbestandlichen Gleichwertigkeit des getroffenen Objekts: Liegt eine solche vor, handelt es sich um eine bloße Verwechslung. Dann habe sich der Vorsatz des Täters auf das getroffene Objekt konkretisiert. Der Irrtum über die Identität sei ein unbeachtlicher Motivirrtum. Sind die Objekte hingegen nicht tatbestand-lich gleichwertig, nimmt die herrschende Auffassung einen Versuch mit Blick auf das „anvisierte" und fahrlässiges Handeln mit Blick auf das „getroffene" Objekt an.

Argumente:

- Eine vollendete Tat am anvisierten Objekt kann nicht gleichzeitig eine versuchte Tat am „richtigen" Objekt darstellen. Sonst würde man dem Täter doppelten Vorsatz unterstellen, den er nicht hat.

- Der Vorsatz des Täters hat sich gerade auf das anvisierte Objekt konkretisiert. Er hatte nie einen in räumlich-zeitlicher Hinsicht ausreichend konkretisierten Vorsatz mit Blick auf das „richtige" Objekt.

Hinweis

Diese Diskussion wird insbesondere relevant bei der Frage nach einer Teilnahme einer anderen Person am Versuch mit Blick auf das „richtige" Tatobjekt.

Vertiefungsfundstellen

Kühl Strafrecht AT § 13 Rn 18 ff.; *Roxin* AT I § 12 Rn 193 ff.

10	Aberratio ictus und error in persona bei nicht sinnlich wahrgenommenem Tatopfer	F § 16 Rn 5 f.

Die Abgrenzung zwischen aberratio ictus und error in persona vel obiecto ist schwierig, wenn der Täter sein Opfer **nicht vor Augen** hat (Stichwort: *Fernwirkungsfälle*). Dann stellt sich die umstrittene Frage,

Streitstand ⟹ **wie die Opferindividualisierung durch den Täter erfolgt.**

Bsp.: **Telefonier-Fall:** *T ruft O an, um ihn zu beschimpfen. Als der Bruder des O den Hörer abnimmt, beleidigt T ihn.*

Bsp.: **Sprengfallen-Fall:** *T installiert eine Bombe am Auto des O, um ihn zu töten. Zufällig benutzt nicht O, sondern B das Fahrzeug.*

a) Ersatzkonkretisierungstheorie

Nach der Rechtsprechung liegt ein **error in persona** vor, wenn der Täter anhand einer Sache, die er irrtümlich dem nicht unmittelbar wahrgenommenen Opfer zuordnet, zu einer Verwechslung gelangt.

Argumente:

- Die Individualisierung des Opfers erfolgt mangels unmittelbarer sinnlicher Wahrnehmung mittelbar **durch ein Ersatzobjekt**. Das anvisierte Ersatzobjekt wurde getroffen (Stichwort: *Ersatzindividualisierung*).
- Der konkretisierte Tätervorsatz umfasst jedes Geschehen, das dem **„programmierten" Geschehen** entspricht. Die mittelbare Zielverfehlung ist als bloßer **Motivirrtum** unbeachtlich.

b) Tatplantheorie

Teilweise wird eine **aberratio ictus** angenommen, wenn der Täter nicht das Opfer erreicht hat, das seinem Tatplan entspricht.

Argument:

- Der Tatplan ist auch bei objektiver Bewertung so sehr an das vom Täter ausgewählte Handlungsobjekt gebunden, dass die Tat bei Verfehlung als misslungen angesehen werden muss (Stichwort: **Personenfixierung**).

Vertiefungsfundstellen: *Kühl* Strafrecht AT § 13 Rn 18 ff.; *Roxin* AT I § 12 Rn 197

---

11   Aberratio ictus bei rechtlicher Gleichwertigkeit der Objekte

F
§ 16
Rn 6

Der „abirrende Pfeil" – die aberratio ictus – gehört zu den klassischen Irrtumsproblemen des Strafrechts. Anerkannt ist, dass bei **ungleichwertigen Objekten** eine Bestrafung aus vollendetem Vorsatzdelikt ausscheidet.

Bsp.:   *A zielt auf B, den er töten will, trifft jedoch versehentlich dessen Hund. Versuchter Totschlag an B. Fahrlässige Sachbeschädigung ist nicht strafbar, § 15 StGB.*

Anerkannt ist ferner, dass bei **gleichwertigen Objekten** trotz Zielverfehlung aus vollendetem Vorsatzdelikt bestraft werden kann, wenn der Täter **auch** hinsichtlich des anderen Objekts zumindest bedingt vorsätzlich handelte. Umstritten ist hingegen die rechtliche Bewertung,

Streitstand ⇨   **wenn das Ziel verfehlt und ein dem anvisierten rechtlich gleichwertiges Objekt versehentlich getroffen wurde.**

a) Gleichwertigkeitstheorie

Teilweise wird die Bestrafung aus **vollendeter Vorsatztat** vertreten.

Argumente:

- Der Täter erfüllt den Tatbestand des Vorsatzdelikts, weil er ein der **tatbestandlich-abstrakten** Beschreibung entsprechendes Objekt verletzt hat. *„Mensch"*
- Eine **Vorsatzkonkretisierung** über das abstrakte Tatbestandsmerkmal hinaus **verlangt das Gesetz nicht**. Ist sie dennoch erfolgt, ist sie unbeachtlich.

- Vorsatz muss sich nur auf Gattungsmerkmal erstrecken
- Strafbarkeitslücken vermeiden

b) Konkretisierungstheorie

Ganz überwiegend wird vertreten, wegen **Versuchs** am anvisierten Objekt und **Fahrlässigkeit** am getroffenen Objekt zu bestrafen.

Argumente:

- Die Vorsatzkonkretisierung beim Täter auf das anvisierte Objekt bewirkt eine **Diskrepanz** zwischen tatsächlichem und vorgestelltem Geschehen, die eine Bestrafung wegen vollendeten Vorsatzdelikts ausschließt.

- Zielverfehlung (*Versuch*) und mangelnde Beherrschung der vollendeten Tat (*Sorgfaltsverstoß*) müssen im Schuldspruch zum Ausdruck kommen.

- Der Versuch am anvisierten Objekt kann nicht durch Fahrlässigkeit zum vorsätzlichen Vollendungsdelikt ergänzt werden (*kein Baukastensystem*).

Vertiefungsfundstellen

Hillenkamp/Cornelius Problem Nr. 9; *Kühl* Strafrecht AT § 13 Rn 31 ff.

12	**Error in persona vel obiecto des angestifteten Täters**	F § 26 Rn 14 f.

Beim error in persona vel obiecto trifft der Täter das anvisierte Ziel, stellt sich darunter aber eine andere Person bzw. ein anderes Objekt vor. Er ist bei **tatbestandlicher Gleichwertigkeit** der Objekte als bloßer Motivirrtum unbeachtlich, bei Ungleichwertigkeit entfällt der Vorsatz, § 16 I 1 StGB. Dies ist ganz herrschend anerkannt.

Hier geht es um den Fall **Rose-Rosahl** des Preußischen Obertribunals (PrObTr GA 7 [1859], 322), den der BGH (BGHSt 37, 214) etwa 100 Jahre später erneut in Gestalt des **Hoferbenfalls** zu entscheiden hatte: *Damals sollte Rose den Gläubiger Rosahl seines Dienstherren töten, erschoss aber infolge einer Verwechslung Harnisch. Im Hoferben-Fall hielt der Täter den Nachbarssohn irrtümlich für den Hoferben seines Auftraggebers und erschoss ihn.* Umstritten ist,

 **Streitstand** ⇨ **wie sich der error in persona vel obiecto des Haupttäters auf den Anstiftervorsatz auswirkt.**

a) Unbeachtlichkeitstheorie

Nach der Rechtsprechung und auch sonst überwiegend wird der Irrtum des Täters über die Person des Tatopfers / das Tatobjekt für den Anstifter für

unbeachtlich gehalten, solange die Verwechslung **innerhalb der Grenzen des nach allgemeiner Lebenserfahrung Voraussehbaren** liegt.

Argumente:

- Der Anstifter verwirklicht **das gleiche Unrecht** wie der Haupttäter und ist auch **im gleichen Umfang strafbar** (Stichwort: *arg. e § 26 StGB*).

- Die Beachtlichkeit eines für den Haupttäter unbeachtlichen Irrtums bedürfte **gesetzlicher Rechtfertigung**, weil der Anstifter durch seine Einwirkung auf den Haupttäter das **Rechtsgut auch selbst verletzt**.

- Die aberratio ictus wurde ausschließlich für Fälle entwickelt, in denen der Täter das Angriffsobjekt **sieht**, aber an seiner Statt ein anderes Objekt verletzt (Stichwort: *Verfehlung trotz Steuerbarkeit*). Der Anstifter hingegen gibt das Geschehen aus der Hand und **überlässt** dem Haupttäter die konkrete Individualisierung des Opfers.

b) Aberratio ictus-Lösung

Teilweise wird die Verwechslung des Täters beim Anstifter als Fall der **aberratio ictus** behandelt.

Argumente:

- Nach der Unbeachtlichkeitstheorie müsste dem Anstifter bei mehreren Irrtümern des Haupttäters über die Zielperson das gesamte **Gemetzel zugerechnet** werden (Stichwort: *Bindingsches „Blutbadargument"*).

- Aus Anstifterperspektive geht der Angriff jedoch wie bei der aberratio ictus des unmittelbaren Täters **fehl**, weil der Haupttäter das Ziel des Anstifters verfehlt (Stichwort: *Fehlgehen aus Anstifterperspektive*).

- Die Irrtümer bei Haupttäter und Anstifter können nicht gleich behandelt werden, weil sie verschieden sind: Nur der Haupttäter **irrt über die Identität** des Objektes, beim Anstifter liegt hingegen ein **Irrtum über den Kausalverlauf** vor. Die aberratio ictus ist ein Sonderfall des letzteren (Stichwort: *Verschiedenartigkeit der Irrtümer*).

Hinweise

- Zum **Blutbadargument** hat der BGH festgestellt, dass – wenn der Täter auch noch das richtige Opfer töte – wegen **einer** Anstiftung zu zwei Tötungen zu bestrafen sei. Maßgeblich stellt der BGH auf die Vorhersehbarkeit des Geschehensablaufs ab.

- Der error in persona vel obiecto eines **Mittäters** ist auch für die übrigen unbeachtlich, sofern das Verhalten innerhalb des Tatplans liegt.

- Beim error in persona vel obiecto im Fall **mittelbarer Täterschaft** wird

  - teilweise das menschliche Werkzeug wie ein sonstiges Werkzeug behandelt. Deshalb liege immer eine **aberratio ictus** vor (Stichwort: *„Mensch als abirrender Pfeil")*.

  - Teilweise wird von einer aberratio ictus nur ausgegangen, wenn der mittelbare Täter die **Individualisierung** des Opfers tatsächlich selbst vorgenommen hat; hat er sie dem Tatmittler überlassen, liege auch für ihn ein unbeachtlicher error in persona vel obiecto vor. Nur im ersten Fall könne der Tatmittler einem sonstigen Werkzeug gleichgesetzt werden; im letzteren müsse er sich den Auswahlfehler wie bei einer Anstiftung zurechnen lassen.

- Bei **Kettenbeteiligungen** gilt: Das „schwächste Glied" bestimmt die Beteiligungsform. Anstiftung zur Anstiftung ist als Anstiftung zur Haupttat strafbar. Beihilfe zur Beihilfe ist Beihilfe zur Haupttat, ebenso Beihilfe zur Anstiftung und Anstiftung zur Beihilfe.

Vertiefungsfundstellen

Hillenkamp/Cornelius Problem Nr. 26; *Kühl* Strafrecht AT § 20 Rn 206 ff.

Rechtswidrigkeit

Zusammen mit der Tatbestandsmäßigkeit kennzeichnet die Rechtswidrigkeit eines Verhaltens im deutschen Strafrechtssystem das Unrecht.

Strafrechtlich wirksame Rechtfertigungsgründe finden sich in der gesamten Rechtsordnung. Ihre Prüfung bestimmt das Spezialitätsprinzip.

Bsp.: *§ 32 StGB (Notwehr) geht § 34 StGB (Notstand) vor; §§ 228 und 904 BGB sind gegenüber § 34 StGB speziell.*

Im Einzelnen finden Sie hier folgende Streitstände:

Das Gesetz geht davon aus, dass die Verwirklichung des Tatbestandes grundsätzlich die Rechtswidrigkeit des Verhaltens indiziert. Das Handeln kann dann bei Eingreifen eines Rechtfertigungsgrundes zu Gunsten des Täters gerechtfertigt sein. Alle Rechtfertigungsgründe setzen sich dabei zusammen aus einem objektiven und – nach ganz überwiegender Auffassung – einem subjektiven Rechtfertigungselement. Auf dem Boden der ganz hM vom Erfordernis einer subjektiven Rechtsfertigung ist jedoch umstritten,

Streitstand  **welche Qualität das subjektive Rechtfertigungselement aufweisen muss.**

a) Rechtfertigungszwecktheorie

Die Rechtsprechung verlangt ein Handeln mit **Rechtfertigungsabsicht** (Stichwort: *Rechtfertigungszweckbezug*). Sie dürfe durch andere Ziele nicht völlig überlagert werden.

Argumente:

- Die Erlaubnis zu Rechtsgutsverletzungen besteht sowohl nach **Wortlaut** der §§ 32 und 34 StGB als auch nach **Sinn und Zweck** der Rechtfertigungsgründe **nur zweckgebunden** *(bei § 32 StGB: zur Verteidigung)*.

- Wie der Vorsatz enthält auch das subjektive Rechtfertigungselement ein **voluntatives** Element (Stichwort: *Strukturvergleich Vorsatz*).

b) Kenntnistheorie

Im Schrifttum wird für ausreichend gehalten, dass der Täter in **Kenntnis** der objektiven Rechtfertigungslage handelt.

Argumente:

- Bereits bei Kenntnis der objektiven Rechtfertigungslage hat der Täter ein **Bewusstsein**, das mit der Rechtsordnung übereinstimmt (Stichwort: *„auf der Seite des Rechts"*).

- Die **Motive** des Täters sind – wie sonst auch – **unbeachtlich**. *„Um ... zu"* in § 32 II StGB kennzeichnet nur die objektive **Angriffsbezogenheit** der Verteidigung (Stichwort: *weiter Wortsinn*).

Hinweis

Achten Sie auf **deutliche Hinweise im Sachverhalt**, bevor Sie die Qualitätsanforderungen zum subjektiven Rechtfertigungselement in der Klausur erörtern.

Vertiefungsfundstellen

Hillenkamp/Cornelius Problem Nr. 4 (1. Folgeproblem); *Kühl* Strafrecht AT § 7 Rn 124 ff., § 8 Rn 183 ff.

14	**Rechtsfolgen der Unkenntnis einer objektiven Rechtfertigungslage**	F § 32 Rn 27

Hält man mit der ganz überwiegend vertretenen Auffassung ein subjektives Rechtfertigungselement für erforderlich, ist umstritten,

  **welche Rechtsfolgen die Unkenntnis des Täters von einer objektiv gegeben Rechtfertigungslage hat.**

a) Vollendungslösung

Teilweise wird vertreten, dass bei Fehlen des subjektiven Rechtfertigungselements wegen **vollendeten** Delikts zu bestrafen sei.

Argumente:

- Straftaten sind nur gerechtfertigt, wenn **alle** Voraussetzungen eines Rechtfertigungsgrundes vorliegen.
- Das **Handlungsunrecht** des Täters besteht fort; außerdem liegt ein zurechenbarer **Tatbestandserfolg** vor, der einen Versuch gerade ausschließt.

b) Versuchslösung

Überwiegend wird vertreten, der Täter sei wegen **Versuchs** zu bestrafen.

Argumente:

- Ohne subjektives Rechtfertigungselement entfällt der Handlungsunwert der Tat nicht, während das Erfolgsunrecht durch das Vorliegen des objektiven Rechtfertigungselements kompensiert wurde. Das entspricht der Situation des untauglichen Versuchs (Stichwort: *Unwertabgeltung Versuch*).
- Aus der **Existenz** der **Versuchsvorschriften** folgt, dass bloßes Handlungsunrecht keine Vollendungsstrafbarkeit begründen kann.

Hinweise

- Dass der Täter die tatsächlichen Voraussetzungen eines Erlaubnissatzes nicht kennt, ist **bei jedem Rechtfertigungsgrund** denkbar.

- Bei **Fahrlässigkeitsdelikten** kommt die Versuchslösung zur Straflosigkeit, da es keinen Versuch der Fahrlässigkeitstat gibt. Das Gleiche muss für Straftatbestände ohne Versuchsstrafbarkeit gelten *(Bsp.: § 123 StGB)*.

- Bezieht sich die Unkenntnis des Täters nicht auf das Vorliegen der tatsächlichen Voraussetzungen eines Rechtfertigungsgrunds, sondern kennt er den Erlaubnissatz nicht oder verengt ihn irrig zu seinen Ungunsten, bleibt die Tat gerechtfertigt. Die Situation ist einem straflosen Wahndelikt vergleichbar.

Vertiefungsfundstelle

Kühl Strafrecht AT § 6 Rn 14 ff., § 7 Rn 127 f.

15	Rechtsfolgen des Erlaubnistatumstandsirrtums	F § 16 Rn 20 ff.

Stellt sich ein Täter irrig Umstände vor, deren tatsächliches Vorliegen seine Tat rechtfertigen würde, handelt er in einem Erlaubnistatumstandsirrtum (ETI). **Wichtig:** Ein Erlaubnistatumstandsirrtum setzt voraus, dass nach dem Vorstellungsbild des Täters **tatsächlich** alle objektiven und subjektiven Voraussetzungen eines Rechtfertigungsgrundes vorliegen **(Häufige Klausurfalle! Diese Prüfung nicht vergessen!)**. Umstritten ist,

Streitstand ⇨	**welche Rechtsfolgen ein Erlaubnistatumstandsirrtum hat.**

Für die Klausur kommt es darauf an, folgendes Spannungsfeld zwischen §§ 16 / 17 StGB zu erklären **(Verständnis!)**, anstatt viele Theorien aufzulisten. Die **Vorsatztheorie** wird **nicht** mehr vertreten, weil sie mit § 17 S. 2 StGB unvereinbar ist. Rechtfertigungsgründe sind auch **keine negativen Tatbestandsmerkmale (Stichwort: LnT)**. Ausgangspunkt sind die sog. Schuldtheorien, nach denen das Unrechtsbewusstsein nicht Teil des Vorsatzes, sondern selbstständiges Element der Schuld ist. Die Behandlung des ETI ist innerhalb der Schuldtheorien umstritten.

a) Strenge Schuldtheorie

Teilweise wird der Erlaubnistatbestandsirrtum **als Verbotsirrtum** nach § 17 StGB behandelt.

Argumente:

- Die Fehlvorstellung, ein Verhalten sei gerechtfertigt, ist genauso zu behandeln wie die irrige Annahme, **es sei nicht verboten**. Den vorsätzlich handelnden Täter hat nämlich der **Appell des Tatbestands erreicht**.
- § 16 I StGB erwähnt nur den Tatumstandsirrtum. Der Täter kennt aber alle Umstände, die den objektiven Tatbestand erfüllen.

b) Eingeschränkte Schuldtheorien

Ganz überwiegend wird vertreten, der Erlaubnistatbestandsirrtum führe im Ergebnis dazu, dass **nicht aus der Vorsatztat bestraft** werden könne. Der Irrtum über das Vorliegen der Voraussetzungen eines Rechtfertigungsgrundes wird im Ergebnis daher wie ein Tatumstandsirrtum i.S.d. § 16 I StGB behandelt. Die **reine eingeschränkte Schuldtheorie** wendet dazu **§ 16 I StGB analog** an, da ein Irrtum über den Sachverhalt beim Täter vorliege und kein qualitativer Unterschied zwischen ETI und Tatumstandsirrtum bestehe. Die **rechtsfolgenverweisende eingeschränkte Schuldtheorie** geht hingegen von einem Irrtum eigener Art aus und nimmt den Täter unter Anwendung der **Rechtsfolgen des § 16 I StGB** den Vorsatzschuldvorwurf. Es bleibe jedoch dabei, dass eine vorsätzliche rechtswidrige Tat vorliege.

Argumente:

- Anders als in Fällen von § 17 StGB befindet sich der Täter mit Erlaubnistatumstandsirrtum „**auf der Seite des Rechts**"; sein Irrtum betrifft nur Umstände der Wirklichkeit, nicht aber die Reichweite des Normbefehls des StGB (Stichwort: **subjektive Rechtstreue**).
- Der Erlaubnistatumstandsirrtum steht dem Tatumstandsirrtum qualitativ näher als einem Verbotsirrtum, weil sich der Täter eine Wirklichkeit vorstellt, in der kein Unrecht vorliegt, aber **keiner Fehlbewertung von Strafnormen** unterliegt (Stichwort: **kein Handlungsunwert**).

Hinweise

- Die **reine und die rechtsfolgenverweisende eingeschränkte Schuldtheorie** führen **nur beim Teilnehmer** zu unterschiedlichen Ergebnissen:
  - Nach der reinen eingeschränkten Schuldtheorie entfällt analog § 16 I StGB der Vorsatz beim Haupttäter.

- Nach der rechtsfolgenverweisenden eingeschränkten Schuldtheorie bleibt es bei vorsätzlichem Handeln, es entfällt die Vorsatzschuld.

- **Achtung!** Erst und nur dort – also bei der Frage nach einer vorsätzlichen rechtswidrigen Haupttat bei der Prüfung der Strafbarkeit des Teilnehmers – müssen Sie zu diesen beiden Theorien Stellung nehmen! Im Übrigen genügt eine Stellungnahme zwischen reiner Schuldtheorie und den eingeschränkten Schuldtheorien.

• Für die rechtsfolgenverweisende Schuldtheorie wird ins Feld geführt, dass das Unrecht der Tat (Verwirklichung von Tatbestand und Rechtswidrigkeit) bereits festgestellt worden und das Entfallenlassen des Vorsatzes analog § 16 I StGB daher **inkonsequent** sei. Zudem ergeben sich **Strafbarkeitslücken bei Teilnehmern** mangels vorsätzlicher rechtswidriger Haupttat.

• Der rechtsfolgenverweisenden eingeschränkten Schuldtheorie wird entgegengehalten, sie sei ein **„Zaubertrick"** zur Schließung von Strafbarkeitslücken bei der Teilnahme, sei jedoch **dogmatisch nicht tragfähig**, da nicht erläutert werde, wie die „Vorsatzschuld" entfallen solle.

Vertiefungsfundstellen

Hillenkamp/Cornelius Problem Nr. 10; *Kühl* Strafrecht AT § 13 Rn 63 ff.

 16 | **Anwendbarkeit des § 32 StGB (und § 34 StGB) auf Hoheitsträger** | F § 32 Rn 12

Die meisten Polizeigesetze der Länder enthalten **Notwehrvorbehalte**, nach denen die polizeirechtlichen Vorschriften zum unmittelbaren Zwang die Notwehrregeln unberührt lassen. Wird ein Hoheitsträger, z.B. ein Polizeibeamter, angegriffen, ist umstritten,

 **Streitstand** ⇨ **ob auch dieser sich auf § 32 StGB (bzw. § 34 StGB) berufen kann.**

a) Polizeirechtliche Lösung

Nach einer Auffassung kann sich ein Hoheitsträger **nicht auf § 32 StGB bzw. § 34 StGB berufen.**

- Hoheitsträger dürfen nur unter den strengen Voraussetzungen des jeweiligen Landespolizeirechts agieren. Die **speziellen** Vorschriften zum unmittelbaren Zwang in den Landespolizeigesetzen dürfen nicht mittels § 32 StGB **umgangen** werden (Stichwort: *Spezialität*). Ein polizeirechtswidriges Verhalten sei auch strafrechtlich rechtswidrig.

- Das strafrechtliche Notwehrrecht ist **nicht bestimmt genug**, um hoheitliche Eingriffe zu rechtfertigen (Stichwort: *Bestimmtheit*).

b) Strafrechtliche Lösung

Die überwiegende Auffassung geht hingegen davon aus, dass das Notwehr- und Notstandsrecht **auch für Hoheitsträger gilt**.

Argumente:

- Das StGB geht als Bundesrecht dem Landesrecht vor. Der Notwehrvorbehalt in den Polizeigesetzen hat **gerade den Sinn**, die Anwendbarkeit von § 32 StGB klarzustellen.

- § 32 StGB und § 34 StGB enthalten **keinen Ausschluss** hoheitlichen Handelns.

- Polizeibeamte hätten **weniger Rechte als Bürger** in derselben Situation (Stichwort: *allgemeine Geltung des Strafrechts*).

- Der Polizeibeamte im Dienst ist vor Angriffen **nicht weniger schutzwürdig** als jeder andere Mensch (Stichwort: *Schutzwürdigkeit Polizist*).

- Wird dem Bürger dann auch noch seine Befugnis zur Notwehr aufgrund der unmittelbaren Verfügbarkeit hoheitlicher Hilfe versagt, darf niemand mehr handeln und den Angriff abwehren. Die **Opfersituation** würde damit **verschlechtert**, wenn die Polizei zugegen ist.

- Eine Rechtfertigung nach § 32 StGB oder § 34 StGB macht den Eingriff **nicht rechtmäßig i.S.d. Polizeirechts**, sondern regelt nur die individuelle Strafbarkeit des Beamten.

Hinweis

Diskutieren Sie dies als ersten Punkt vor der Prüfung der objektiven Rechtfertigungslage, wenn die Rechtfertigung des Handelns eines Hoheitsträgers gefragt ist.

Vertiefungsfundstelle

Kühl Strafrecht AT § 7 Rn 148 ff.

Ein Irrtum des Amtsträgers über die **rechtlichen** Voraussetzungen des erlaubten Staatshandelns schließt jede Rechtfertigung aus. Umstritten ist jedoch,

 **ob Irrtümer des Amtsträgers über das Vorliegen der sachlichen Voraussetzungen einer Eingriffsbefugnis die Rechtfertigung unberührt lassen.**

a) Theorie vom Irrtumsprivileg des Staates

Überwiegend wird vertreten, der Amtsträger handle auch dann gerechtfertigt, wenn die sachlichen Voraussetzungen objektiv nicht vorliegen, er aber nach pflichtgemäßer Prüfung **von ihrem Vorliegen ausgehen durfte.**

Argument:

- Im Interesse effizienten staatlichen Handelns ist dem Amtsträger ein **Irrtumsprivileg** zuzugestehen, da andernfalls seine Diensthandlungen durch Notwehr des Betroffenen durchkreuzt werden könnten (Stichwort: *Effektivität des Staatshandelns, Notwehrschutz*).

b) Gleichstellungstheorie

Im Vordringen befindet sich die Auffassung, die ein Irrtumsprivileg des Staates **ablehnt.** Ein Irrtum über die tatsächlichen Voraussetzungen der Eingriffsbefugnis sei nach allgemeinen Regeln als Erlaubnistatbestandsirrtum zu behandeln.

Argumente:

- Ein Irrtumsprivileg des Staates zu Lasten des Bürgers entspringt **obrigkeitsstaatlichem, nicht aber rechtstaatlichem Denken** (Stichwort: *Rechtsstaatlichkeit*).

- Außerhalb der Eingriffsbefugnisse kraft Gesetzes gibt es kein rechtmäßiges Eingriffshandeln des Staates. (Stichwort: *Gesetzesvorbehalt, Art. 20 III GG*)

- Effektives Staatshandeln wird bereits dadurch sichergestellt, dass die Eingriffsermächtigungen an bloße Verdachtslagen anknüpfen, etwa § 127 II StPO.

Vertiefungsfundstelle

Roxin AT I § 17 Rn 1 ff.

Notwehrfähig ist jedes Rechtsgut oder rechtlich anerkanntes Interesse des Angegriffenen oder eines Dritten. Dazu zählen **nicht** Güter der Allgemeinheit. Der Angriff muss **objektiv** vorliegen und auf einem **menschlichen** Verhalten beruhen. Vereinzelt wird vertreten, der Angriff des § 32 StGB sei – **aus begrifflichen Gründen** – nur durch aktives Tun möglich. § 32 StGB sei allenfalls analog anwendbar. Dagegen wendet sich die ganz herrschende Auffassung: Auch Unterlassen könne ein Angriff sein, sofern eine Rechtspflicht zum Handeln besteht. Umstritten ist,

 **Streitstand** ⇨ **welche Qualität die Rechtspflicht zur Beseitigung der bedrohlichen Situation haben muss.**

Bsp.: Liegt im Unterlassen der Hilfeleistung nach § 323c StGB ein Angriff auf das bedrohte Rechtsgut?

a) Theorie der schlichten Rechtspflicht

Teilweise wird vertreten, **bereits echtes Unterlassen** *(Bsp.: §§ 138, 323c StGB)* würde zum Angriff durch Unterlassen genügen.

Argument:

- Bedrohungen durch Unterlassen hängen nicht von der Qualität der Rechtspflicht zum Handeln ab. Sie stellen sich **für das Opfer** jeweils **gleich** dar.

- § 32 StGB trifft insoweit keine Unterscheidung; relevant ist allein die Rechtswidrigkeit des Angriffs.

b) Garantenpflichttheorie

Überwiegend wird ein notwehrfähiger Angriff durch Unterlassen erst für möglich gehalten, wenn eine **Garantenpflicht** nach § 13 I StGB besteht.

Argumente:

- Nur wer als Garant für die Abwehr des Erfolges einzustehen hat, weil der Erfolg ihm zugerechnet wird, kann das betreffende Rechtsgut angreifen. Bei § 323c StGB wird nur die allgemeine Solidaritätspflicht verletzt.

- § 13 StGB zeigt, wann ein Unterlassungsangriff einem Angriff durch aktives Tun gleichzusetzen ist.

- Schlichtem Unterlassen abwägungsunabhängige Notwehrrechte entgegenzusetzen, ist sachlich unangemessen. §§ 904 BGB, 34 StGB genügen zum Rechtsgüterschutz (Stichwort: **Verhältnismäßigkeit**).

Hinweise

- Kein Angriff sind Verhaltensweisen **ohne Handlungsqualität**, etwa Bewegungen im Schlaf. § 32 StGB ist dann nicht einschlägig, sondern § 34 StGB.

- Ein **Angriff durch einen Hund** kann dann ein Angriff i.S.d. § 32 StGB sein, wenn der Hund durch einen Menschen als Werkzeug eingesetzt wird. Ansonsten ist an § 228 BGB zu denken.

- Besondere Fragen wirft die Abgrenzung zwischen **Scheinangriff** und **Angriff mit einer Scheinwaffe** auf:

  - Das Vorliegen eines Angriffs ist objektiv und ex post zu beurteilen.

  - Bei einem Scheinangriff kann der Angegriffene sich daher allenfalls in einem ETI befinden (s. STREITSTAND Nr. 15).

  - Der Angriff mit einer Scheinwaffe wiederum führt zu einer als real empfundenen Bedrohungssituation für das Opfer und damit zu einem Angriff auf dessen Willensfreiheit, es sei denn das Opfer weiß vom Scheincharakter der Waffe.

Vertiefungsfundstelle

Kühl Strafrecht AT § 7 Rn 29 ff.

---

19 | **Unmittelbares Bevorstehen eines Angriffs i.S.d. § 32 StGB** | F § 32 Rn 16 ff.

Das Vorliegen einer Notwehrlage setzt einen gegenwärtigen rechtswidrigen Angriff voraus. Gegenwärtig ist ein Angriff, wenn er unmittelbar bevorsteht, gerade stattfindet oder noch andauert. Umstritten ist,

 Streitstand ⟹ **welcher Maßstab bei der Beurteilung des unmittelbaren Bevorstehens eines Angriffs anzuwenden ist.**

Diese Frage stellt sich insb. in den sog. Haustyrannen-Fällen.

a) Versuchslösung

Teilweise wird vertreten, dass ab dem Zeitpunkt, bei dem man im Versuch ein unmittelbares Ansetzen des Angreifers annehmen würde, von einem unmittelbaren Bevorstehen des Angriffs auszugehen ist.

Argument:

- Damit ergibt sich ein **Gleichlauf** zwischen Versuchsbeginn des Täters und Notwehrrecht des Opfers.

b) Theorie der wirksamsten Abwehr (Effizienzlösung)

Nach der Effizienzlösung hingegen soll bereits in dem Zeitpunkt von einem unmittelbaren Bevorstehen des Angriffs i.S.d. § 32 StGB auszugehen sein, in dem die letzte oder sicherste Verteidigungsmöglichkeit zu verstreichen droht.

Argument:

- Nur dann kann das Opfer sich angemessen zur Wehr setzen.

c) Theorie von der notwehrähnlichen Lage

Überwiegend wird § 32 StGB analog angewendet, wenn die sicherste Verteidigungsmöglichkeit zu verstreichen droht. Da zu diesem Zeitpunkt noch kein gegenwärtiger Angriff i.S.d. § 32 StGB vorliege, seien Abstriche bei der Erforderlichkeit vorzunehmen.

Argumente:

- Die Versuchslösung führt zu Unsicherheiten bei der Bestimmung des Zeitpunktes und zumeist sei es zum Zeitpunkt des unmittelbaren Ansetzens des Täters zum Versuch für eine wirksame Abwehr bereits zu spät.

- Die Effizienzlösung führt zu einer sehr weiten Ausdehnung des schneidigen Notwehrrechts und daneben zu Anwendungsunsicherheiten, da nie klar ist, wann die letzte bzw. sicherste Verteidigungsmöglichkeit zu verstreichen droht.

d) Notstandslösung

In eben solchen Situationen kommt § 34 StGB zur Anwendung.

Argumente:

- Die Theorie von der notwehrähnlichen Lage macht das Merkmal der Gegenwärtigkeit überflüssig.

- § 34 StGB bietet ausreichenden Schutz für das Opfer und führt letztlich zu den von der Theorie von der notwehrähnlichen Lage gewünschten Ergebnissen.

Vertiefungsfundstelle

Kühl Strafrecht AT § 7 Rn 29 ff., 39 ff.

---

20 | **Notwehr gegen Gegenstände Dritter, die vom Angreifer benutzt werden** | F § 32 Rn 3

Das Notwehrrecht erlaubt grundsätzlich nur Eingriffe in Rechte und Rechtsgüter **des Angreifers selbst**. Umstritten ist,

 **Streitstand** ⇨ | **ob Notwehr auf Gegenstände Dritter zielen kann, wenn der Angreifer diese für seinen Angriff benutzt.**

Bsp.: A beschädigt bei der Verteidigung den Anzug des Angreifers, den dieser unter Eigentumsvorbehalt erworben hatte.

a) Drittwirkungstheorie

Teilweise wird in diesem **Ausnahmefall** die Verteidigung gegen Gegenstände Dritter für erlaubt gehalten.

Argumente:

- Gegenstände Dritter bilden mit dem Täter ein tatsächlich einheitliches Verteidigungsziel (Stichwort: *tatsächliche Einheit*).
- Das **Risiko** unerwünschter Folgen trägt bei Rechtsgutsverteidigungen nicht der Angegriffene (Stichwort: *Risikoverteilung*).
- § 228 BGB führt – auch analog – nicht zur Durchsetzung des Rechts, etwa wenn das verteidigte Rechtsgut geringwertiger ist als das verletzte.

b) Strenge Angriffsrichtungstheorie

Überwiegend wird jede **Drittwirkung** des Notwehrrechts **abgelehnt**.

Argumente:

- Das Eigentum Dritter ist **nicht weniger schützenswert**, nur weil es ein Fremder zum Angriff **missbraucht** (Stichwort: *Schutzwürdigkeit*).

- Einen **angemessenen Interessenausgleich** bietet bereits das **Notstandsrecht**, insbesondere die Sachwehr nach § 228 BGB.

Vertiefungsfundstellen

Kühl Strafrecht AT § 7 Rn 84 ff.; *Roxin* AT I § 15 Rn 124

21	**Vorrang obrigkeitlicher Hilfe im Notwehrrecht**	F § 32 Rn 35

Zur Verteidigung in Notwehrsituationen sind nur **geeignete** und **erforderliche** Maßnahmen gerechtfertigt. Es darf jedoch das Mittel gewählt werden, das den Angrifft **sofort** und **endgültig** beseitigt. Unter mehreren gleich wirksamen Mitteln ist das den Angreifer am wenigsten belastende zu wählen. Eine Güterabwägung findet nicht statt. Umstritten ist

 **Streitstand** ⇨ **ob der Verteidiger vorrangig auf staatliche Hilfe zur Konfliktbewältigung zurückgreifen muss (Frage der Erforderlichkeit).**

a) Vorranglösung

Überwiegend wird vertreten, dass verfügbare staatliche Hilfe **vorrangig** in Anspruch zu nehmen ist.

Argumente:

- Das **staatliche Gewaltmonopol** wird durch das Notwehrrecht nur ergänzt, **nicht ersetzt**. Nur wenn und soweit das Recht staatlicherseits nicht durchgesetzt werden kann, ohne berechtigte private Interessen preiszugeben, kann Notwehr geübt werden (Stichwort: *Ergänzungsfunktion*).

- Auch die Verteidigung durch **Herbeiziehung von Helfern ist Abwehr**, keine schmähliche Flucht. Das Notwehrrecht dient nicht dazu, dem Angegriffenen Gelegenheit zur Demonstration von Kraft und Mut zu geben.

b) Selbsthilfelösung

Selten wird vertreten, die Erforderlichkeit einer Verteidigung in Notwehr werde **nicht** durch gleich effektive verfügbare staatliche Hilfe **berührt**.

- Das Herbeiholen staatlicher und damit fremder Hilfe entspricht der Flucht vor dem Angriff, die mit dem Rechtsbewährungsinteresse unvereinbar ist (Stichwort: *Das Recht braucht dem Unrecht nicht zu weichen*).

Hinweise

- Eine vergleichbare Frage stellt sich mit Blick auf **private fremde Hilfe**. Insoweit kann jedoch nicht mit dem Gewaltmonopol argumentiert werden.

- Grundsätzlich ist jedoch anerkannt, dass der Angreifer nicht fliehen muss; denn Weglaufen ist keine Verteidigung (Stichwort: *keine „schimpfliche Flucht"*).

- Bei der Erforderlichkeit sollten Ihnen die folgenden Stichworte zudem bekannt sein: 4-Stufen-Prinzip beim Schusswaffengebrauch, Umgang mit Scheinwaffen (objektiv gegebene Umstände vs. objektiv erkennbare Umstände).

Vertiefungsfundstelle

Pelz NStZ 1995, 305; *Kühl* Strafrecht AT, § 7 Rn 120 ff.

22	Einschränkungen des Notwehrrechts durch Art. 2 IIa EMRK	F § 32 Rn 40

Bei § 32 StGB findet keine Verhältnismäßigkeitsprüfung statt. Das Notwehrrecht kann allenfalls im Rahmen einer Gebotenheitsprüfung durch sozial-ethische Erwägungen eingeschränkt werden. Eine solche könnte auf Basis von Art. 2 IIa EMRK anzunehmen sein. Die EMRK wurde mit dem Zustimmungsgesetz von 1952 **innerstaatlich** geltendes Recht. Sie hat den **Rang eines Bundesgesetzes**. In deutscher Sprache ist nach Art. 2 IIa EMRK die Tötung eines Angreifers nur gestattet, „um die Verteidigung eines Menschen gegenüber rechtswidriger Gewaltanwendung sicherzustellen", also **nicht** zur Verteidigung von Sachwerten. Umstritten ist,

 **Streitstand** ⇨ **ob Art. 2 IIa EMRK das Notwehrrecht des Einzelnen aus § 32 StGB einschränkt.**

a) Irrelevanztheorie

Überwiegend wird vertreten, Art. 2 IIa EMRK beeinflusse des private Notwehrrecht **nicht**.

- Art. 2 EMRK begrenzt nach dem Konventionszweck **allein hoheitliche Eingriffe** (Stichwort: *Adressat = Staat*).

- Zwischen Privaten gilt das Tötungsverbot nicht, weil nur dem Staat andere wirksame Machtmittel zur Verfügung stehen, die die Einschränkung erlauben (Stichwort: *nur Staat hat Alternativen*).

- Der Wortlaut von Art. 2 IIa EMRK ist nur in der deutschen Übersetzung so weit, dass neben Hoheitsträgern auch Private erfasst zu sein scheinen (Stichwort: *Übersetzungsproblem*).

b) Absolute Theorie

Teilweise wird vertreten, Art. 2 IIa EMRK habe **unmittelbare Drittwirkung** für das Verhältnis von Bürgern und beschränke daher deren Notwehrrechte.

Argumente:

- Der **Wortlaut** von Art. 2 IIa EMRK lässt die Beschränkung des Tötungsverbots auf Hoheitsträger nicht erkennen (Stichwort: *weiter Wortlaut*).

- Die EMRK gewährleistet in Art. 2 I 1 EMRK das **Recht auf Leben**. Daraus resultiert jedenfalls auch eine **Schutzpflicht des Staates**, das Tötungsverbot auch im Verhältnis Privater durchzusetzen (Stichwort: *Schutzpflicht Leben*).

Hinweise

- Den **Schießbefehl nach § 27 II DDR-GrenzG** hat der BGH nicht als Rechtfertigungsgrund anerkannt, weil er gegen universelle Rechtsgrundsätze verstoße. Das Rückwirkungsverbot stehe nicht entgegen, weil die menschenrechtsfreundliche Auslegung auch in der DDR möglich gewesen sei.

- Anerkannte Einschränkungen des Notwehrrechts werden systematisch als Gesichtspunkt der Gebotenheit iSv § 32 I StGB diskutiert, namentlich:

  - Bei **Bagatellangriffen** und in Fällen **krasser Missverhältnisse** (Kirschbaum-Fall) sind körperverletzende Verteidigungshandlungen nicht erlaubt.

  - Bei Angriffen **erkennbar schuldlos Handelnder** sind die Grenzen der zulässigen Notwehr umstritten:

    - Selten wird das volle Notwehrrecht zugestanden.

- Häufig wird jedes Notwehrrecht verneint und auf §§ 228, 904 BGB bzw. § 34 StGB verwiesen.

- Überwiegend finden sich abgestufte Lösungen i.S.d. **Drei-Stufen-Theorie**: Vorrangig Ausweichen, hilfsweise Schutzwehr und höchsthilfsweise Trutzwehr sind in dieser Reihenfolge zulässig.

  - Unter Personen mit **engen persönlichen Beziehungen** verlangt die Rechtsprechung ebenfalls eine **zurückhaltende** Ausübung des Notwehrrechts. Es gilt jedoch zu berücksichtigen, dass das Notwehrrecht nicht am Standesamt abgegeben wird.

- Zu Notwehrprovokationen siehe STREITSTÄNDE Nr. 23 und 24.

- Anerkannt ist für die Abwägung im Notstandsrecht, dass das menschliche Leben nicht gegen anderes menschliches Leben abgewogen werden kann, Art. 1 I, 2 II 1, 3 I GG.

Vertiefungsfundstellen

Hillenkamp/Cornelius Problem Nr. 3; *Kühl* Strafrecht AT § 7 Rn 118; *Roxin* AT I § 15 Rn 86 ff.

23	Notwehreinschränkungen bei Absichtsprovokationen	F § 32 Rn 42

Eine Absichtsprovokation liegt vor, wenn der Verteidiger den Angriff gerade mit dem **Ziel** herausgefordert hat, den Angreifer in Notwehr zu verletzen. Umstritten ist,

Streitstand   **ob das Notwehrrecht bei absichtlich provozierten Angriffen eingeschränkt ist.**

a) Rechtsbewährungstheorie

Teilweise wird vertreten, dass ein Notwehrrecht auch bei Absichtsprovokationen **in vollem Umfang bestehe.**

Argumente:

- Das Recht braucht dem Unrecht nicht zu weichen. Ein Mitverschulden des Opfers an der provozierten Tat kann sein Recht auf Selbstverteidigung nicht beschränken (Stichwort: *Selbstschutz*).

- Der Provozierte muss der Provokation **widerstehen**, solange die Provokation keine rechtfertigende oder entschuldigende Wirkung beim ihm entfaltet.

b) Drei-Stufen-Prinzip

Teilweise wird vertreten, dass ein Notwehrrecht bei Absichtsprovokationen zwar grundsätzlich bestehen bleibe, der Angegriffene jedoch im Sinne einer **Drei-Stufen-Theorie** vorrangig ausweichen müsse und erst dann Schutzwehr und nur nach deren Scheitern Trutzwehr üben dürfe.

Argument:

- Das Recht braucht dem Unrecht zwar nicht zu weichen. Die Provokation der Notwehrsituation gebietet aber ein abgestuftes Verteidigungsverhalten.

c) Rechtsmissbrauchs- und Einwilligungstheorie

Überwiegend wird das Notwehrrecht bei Absichtsprovokationen **vollumfänglich versagt**.

Argumente:

- Die Berufung auf Notwehr beim geplanten Gegenschlag nach absichtlicher Provokation ist rechtsmissbräuchlich (Stichwort: *Rechtsmissbrauchsgedanke*).

- Der Absichtsprovokateur tritt **nicht mehr als Bewahrer der Rechtsordnung** auf (Stichwort: *Verwirkung*) und hat durch die Provokation auf Rechtsgüterschutz verzichtet (Stichwort: *Verzicht bzw. Einwilligung*).

- Die **scheinbare** Verteidigung ist **normativ** ein rechtswidriger Angriff (Stichwort: *Rollentausch*).

Vertiefungsfundstellen

Hillenkamp/Cornelius Problem Nr. 2; *Kühl* Strafrecht AT § 7 Rn 228 ff.; *Roxin* AT I § 15 Rn 65 ff.

Liegt **keine Absichtsprovokation** vor, sondern eine **sonst vorwerfbar** herbeigeführte Notwehrlage, ist weitgehend anerkannt, dass das Recht zur Selbstverteidigung nicht völlig entfällt, sondern nur den Einschränkungen der **Drei-Stufen-Theorie** (Stichworte: *Ausweichen, Schutzwehr, Trutzwehr*) unterliegt. Umstritten ist hingegen,

Streitstand  **wann ein solcher sonstiger Fall einer vorwerfbar herbeigeführten Notwehrlage besteht.**

a) Sozialethische Vorwerfbarkeit

Nach der Rechtsprechung genügt bereits **sozialethisch vorwerfbares** Vorverhalten, um Notwehrbeschränkungen auszulösen.

Argument:

- Zurückhaltung in der Verteidigung ist normativ bereits dann erforderlich, wenn der Angriff als adäquate und voraussehbare Folge des Vorverhaltens des Angegriffenen erscheint (Stichwort: *„normative Kausalität"*).

b) Theorie des rechtswidrigen Vorverhaltens

Im Schrifttum wird überwiegend **rechtswidriges** Vorverhalten gefordert.

Argument:

- Nur, wer den Boden des Rechts **verlässt**, verliert die Legitimation, sich auf das **Rechtsbewährungsprinzip** zu berufen, das dem schneidigen Notwehr-recht zu Grunde liegt. **Moralwidrigkeiten** sind wie immer **unerheblich**.

Hinweise

- Wer bereits bei Absichtsprovokationen Einschränkungen des Notwehrrechts ablehnt, entscheidet hier (erst recht) ebenso.

- Problematisch ist diesen Fällen oftmals, ob eine **Gesamtbetrachtung** dazu führen kann, dass man das unmittelbar auslösende (nicht sozialethisch verwerfliche) Verhalten als Fortsetzung eines zuvor geschehenen rechtswidrigen oder sozial-ethisch verwerflichen Verhaltens verstehen kann. Dies müssen Sie ggf. diskutieren.

- Umstritten ist, ob bei verschuldeter Notwehr ein Fahrlässigkeitsvorwurf an das Vorverhalten des Verteidigers geknüpft werden kann (Stichwort:

actio illicita in causa). Das wird im Schrifttum **teilweise bejaht**, um die gerechtfertigte Notwehrhandlung als Fahrlässigkeitsdelikt strafrechtlich doch noch zu erfassen. **Überwiegend** – auch durch die Rechtsprechung – wurde der Rechtsfigur der „im Ursprung verbotenen Handlung" die **Anerkennung versagt.** Solange der Angreifer selbstverantwortlich handle, komme eine Zurechnung der Selbstgefährdung zum Verteidiger nicht in Betracht. Diese Problematik diskutieren Sie, wenn Sie eine Rechtfertigung des Provozierenden zulassen, im Rahmen der objektiven Zurechnung in einer neuen Prüfung, namentlich der fahrlässigen Erfolgsverwirklichung.

Vertiefungsfundstelle

Kühl Strafrecht AT § 7 Rn 248 ff.

25	**Objektivierte ex ante Feststellung der Notstandslage**	F § 34 Rn 4

§ 34 StGB ist gekennzeichnet durch eine im Vergleich zur Notwehrlage weiter gefasste Notstandslage. Eine Gefahr für ein Rechtsgut liegt vor, wenn aufgrund tatsächlicher Umstände der Eintritt eines Schadens wahrscheinlich ist. Überwiegend wird diese Beurteilung **ex ante** vorgenommen, also von einem Standpunkt zeitlich vor der Tat aus. Anerkannt ist, dass bloße **Anscheinsgefahren nicht** genügen. Auch ist der bloße Anschein einer Gefahr nicht geeignet, einen Rechtsgutseingriff zu rechtfertigen, den der Betroffene dulden muss. Umstritten ist jedoch,

 **Streitstand** ⇨ **wie der objektive ex ante-Maßstab genau zu konkretisieren ist.**

a) Eingeschränkt-objektive Theorie

Teilweise wird auf das hypothetische Urteil eines für die jeweilige Konfliktlage **zuständigen Fachmanns** bzw. **sachkundigen Beobachters** abgestellt.

Argumente:

- Das sachkundige Urteil objektiviert den Gefahrbegriff, ohne den **Rahmen menschlicher Beurteilungsfähigkeit** schlechthin zu verlassen.
- Der Ansatz von Maximalwissen belastet den Notstandstäter unangemessen.

43

b) Streng-objektive Theorie

Teilweise wird vertreten, die Gefahrenlage sei unter Einbeziehung **aller Gegenwartserkenntnisse** (Stichwort: *gesamtes menschliches Erfahrungswissen*) zu ermitteln.

Argument:

- Der Gefahrbegriff der Notstandslage ist **möglichst objektiv** zu fassen.

Hinweis

Der Streit hat geringe praktische und Klausurrelevanz. Wichtig sind vor allem die im Einleitungsteil dargestellten gesicherten Erkenntnisse zur Maßgeblichkeit einer **objektiven ex-ante-Perspektive** und die Einsicht, dass eine ex-ante-Betrachtung nicht zwingend subjektiv ist (Stichwort: *Objektivierung*). Das wird oft übersehen.

Vertiefungsfundstellen

Kühl Strafrecht AT § 8 Rn 43 ff.; *Roxin* AT I § 16 Rn 15 ff.

26	**Umgang mit Fällen des Nötigungsnotstands**	F § 35 Rn 6

§ 34 StGB gesteht dem Opfer bei Vorliegen einer Notstandslage sodann einen im Vergleich zu § 32 StGB deutlich weniger weitreichenden Verteidigungsspielraum zu: Die Verteidigungshandlung muss nicht nur **geeignet** und **erforderlich**, sondern auch **verhältnismäßig** und **angemessen** sein. Im Rahmen der Verhältnismäßigkeitsprüfung ist eine ausführliche Interessenabwägung vorzunehmen. Umstritten ist dabei,

 ⇨ **ob ein sog. Nötigungsnotstand im Rahmen der Verhältnismäßigkeitsprüfung zu berücksichtigen ist.**

Bsp.: T droht dem O, dessen Tochter zu erschießen, wenn dieser nicht das Gemälde des A stiehlt. Ist der Diebstahl des Gemäldes nach § 34 StGB gerechtfertigt? (Hinweis: Eine Rechtfertigung über § 32 StGB scheidet aus, da sich der Diebstahl nicht gegen die Rechtsgüter des Angreifers T richtet.)

a) Ausschlusslösung

Eine **Rechtfertigung nach § 34 StGB** muss ausscheiden.

Argumente:

- Das Nötigungsopfer wehrt sich, indem es selbst eine Straftat begeht. Damit hat sich auch das Opfer auf die Seite des Unrechts geschlagen.

- Dem Opfer steht es bei einem gegenwärtigen rechtswidrigen Angriff frei, in den Grenzen der Gebotenheit Notwehr zu üben.

b) Abwägungslösung

Der Nötigungsnotstand als solcher ist irrelevant. Es kommt allein auf das Ergebnis der zu treffenden Abwägung an.

Argument:

- Der Täter schlägt sich letztlich immer auf die Seite des Unrechts, wenn er einen Straftatbestand verwirklicht. Daher kann es allein auf die Güterproportionalität ankommen.

c) Berücksichtigungslösung

Der Nötigungsnotstand ist als Abwägungsfaktor im Rahmen der Verhältnismäßigkeitsprüfung bei § 34 StGB zu berücksichtigen.

Argumente:

- Es muss stets eine umfassende Interessenabwägung unter Einbeziehung aller Umstände des Einzelfalls stattfinden.

- Schlägt sich ein Täter bewusst auf die Seite des Unrechts und betreibt damit eine gewisse Form der Selbstjustiz, ist dies ein Umstand, der sich limitierend auf den Umfang seiner Notstandbefugnisse auswirken muss.

- Bei kleineren Delikten kann das Interesse des Genötigten überwiegen. Bei schweren Delikten (v.a. Verbrechen) wird man der Aufrechterhaltung der Rechtsordnung ein so hohes Gewicht beimessen müssen, dass die Interessen des Genötigten nicht wesentlich überwiegen, auch wenn das von ihm bewahrte Rechtsgut abstrakt gesehen das wertvollere ist.

Hinweis

- Zu berücksichtigen ist im Rahmen der Verhältnismäßigkeitsprüfung, dass **nie eine Abwägung „Leben gegen Leben"** stattfinden darf.

- Umstritten ist, ob dies auch bei **asymmetrischen Rettungschancen** gilt. Die herrschende Auffassung hält auch in diesen Konstellationen das absolute Tötungsverbot aufrecht und lässt eine Abwägung „Leben gegen Leben" nicht zu. Es gebe stets eine Chance auf Rettung in letzter Sekunde und jede Relativierung menschlichen Lebens ist – unabhängig von dessen restlicher Dauer – unzulässig.

Vertiefungsfundstellen

Kühl Strafrecht AT § 8 Rn 127; *Roxin* AT I § 16 Rn 67 ff., § 22 Rn 16, 19

27	Begriff der „Tat" iSv § 127 I StPO	F v § 32 Rn 7 f.

§ 127 StPO will den staatlichen **Strafverfolgungsanspruch sichern**. Das Eingriffsrecht muss in diesem Lichte ausgelegt werden. Nach § 127 I 1 StPO hat **jedermann** ein Festnahmerecht, wenn der Täter auf frischer Tat betroffen oder verfolgt wird. Anerkannt ist, dass die „Tat" eine **Straf**tat sein muss, die den Erlass eines **Haftbefehls rechtfertigen kann**. Umstritten ist,

ob die „Tat" iSv § 127 I 1 StPO wirklich begangen worden sein muss oder ob ein dringender Tatverdacht genügt.

a) Tatverdachtstheorie

Wohl überwiegend – insbesondere von der Rechtsprechung – wird vertreten, der **dringende Verdacht** einer Straftatbegehung genüge für § 127 I StPO.

Argumente:

- Der Einzelne wird nach § 127 I StPO für den Staat tätig. An ihn können **keine höheren Anforderungen** gestellt werden als an Beamte, deren Festnahmemöglichkeit nach § 127 II StPO auch bei dringendem Tatverdacht besteht (Stichwort: *Gleichstellung*).

- § 127 StPO ist eine Vorschrift des **Prozessrechts**; Gewissheit der Tatbegehung kann aber nicht einmal ein rechtskräftiges Urteil bieten (Stichwort: *Erkenntnisgrenzen*).

- Die Begehungstheorien kommen dem **Rat** gleich, das Festnahmerecht **nie auszuüben** (Stichwort: *Effektivität*).

- Dem für den Staat handelnden Bürger soll nicht auch noch das Irrtumsrisiko aufgebürdet werden (Stichwort: *Anreizfunktion*).

b) Begehungstheorien

Teilweise wird vertreten, die Tat müsse **tatsächlich begangen** worden sein.

- Der Gesetzgeber hat deutlich zwischen einer tatsächlich begangenen Straftat in § 127 I StPO und bloß dringendem Tatverdacht in §§ 127 II iVm 112 StPO **differenziert** (Stichworte: *Wortlaut, Systematik*).

- Die **Scheintat** vermag ebenso wenig nach § 127 I StPO einen Eingriff in fremde Rechtsgüter zu rechtfertigen wie der **Scheinangriff** bei § 32 StGB (Stichwort: *objektive Rechtfertigungssituation*).

- Über die Irrtumsgrundsätze kann eine angemessene Lösung für den sich irrenden Bürger gefunden werden.

Hinweise

- Innerhalb der Begehungstheorien verzichten einige auf

  - die schuldhafte Tatbegehung: Das Festnahmerecht bestehe bei jeder tatbestandsmäßigen und rechtswidrigen Tatbegehung.

  - andere auch auf die Rechtswidrigkeit und die Erfüllung des subjektiven Tatbestands: Sofern der objektive Tatbestand vom Täter tatsächlich verwirklicht wurde, genüge im Übrigen dringender Tatverdacht.

- Das Festnahmerecht nach § 127 I StPO **erlaubt das Festhalten** des auf frischer Tat Betroffenen oder Verfolgten und damit unmittelbar verbundene **leichte** körperliche Eingriffe, **mehr nicht** (Stichwort: *Festnahme als Realakt*). Als **Minusmaßnahme** kann die Wegnahme von Sachen, etwa des Autoschlüssels, gerechtfertigt sein. Die Abwehr einer gerechtfertigten Festnahme durch den Betroffenen ist ein Angriff auf den Festnehmenden, der zu weitergehenden Verteidigungshandlungen iRd Notwehr berechtigt.

Vertiefungsfundstellen

Hillenkamp/Cornelius Problem Nr. 8; *Kühl* Strafrecht AT § 9 Rn 83 ff.

Die Einwilligung ist nach herrschender Auffassung grundsätzlich ein Rechtfertigungsgrund. Ein tatbestandsausschließendes Einverständnis kommt nur bei solchen Tatbeständen in Betracht, die ein Handeln „ohne oder gegen den Willen" des Rechtsgutsinhabers voraussetzen. Eine wirksame Einwilligung in eine Rechtsgutsverletzung setzt **Dispositionsbefugnis** des Einwilligenden, die Erteilung der Einwilligung vor der Tat sowie ohne Willensmängel und deren Fortbestehen zur Tatzeit voraus. Umstritten ist,

Streitstand  | ob die Einwilligung auch nach außen kundgetan worden sein muss.

a) Willenserklärungstheorie

Überwiegend wird vertreten, die rechtfertigende Einwilligung müsse nach außen kundgetan werden, also **ausdrücklich oder konkludent erklärt** worden sein.

Argument:

- Ohne Erklärung bestehen erhebliche Beweisschwierigkeiten bei der Feststellung der Einwilligung (Stichwort: *Rechtssicherheit*). Im Interesse des **Rechtsgüterschutzes beim Betroffenen** können diese nicht hingenommen werden.

b) Willensrichtungstheorie

Teilweise wird vertreten, die innere Bildung des zustimmenden **Willens** des Rechtsgutsträgers **genüge.**

Argumente:

- Nicht anders als beim tatbestandsausschließenden Einverständnis bedarf auch die Einwilligung keiner Erklärung (Stichwort: *Gleichstellungsgedanke*). Auch dort wird kein Mangel an Rechtssicherheit beklagt.

- Ein schutzwürdiges Interesse an der Unversehrtheit des Rechtsguts entfällt bereits mit der inneren Zustimmung des Rechtsgutsträgers (Stichwort: *kein Rechtsschutzbedürfnis*).

- Oftmals hängt es eher vom Zufall und der Extrovertiertheit des Einwilligenden ab, ob dieser seine Zustimmung entäußert.

Vertiefungsfundstellen

Sch/Sch/Sternberg-Lieben, Vorbem §§ 32 ff. Rn 43; *Kühl* Strafrecht AT § 9 Rn 31

Einwilligungsfähigkeit bei lebensbedrohlichen Gefährdungen

Dass auch lebensbedrohliche Gefährdungen einwilligungsfähig sind, wird teilweise kategorisch verneint, weil aus § 216 StGB ein generelles Verbot der Vernichtung menschlichen Lebens folge. Allerdings versagt § 216 StGB nur der Einwilligung in Tötungen die Wirksamkeit, **nicht** aber **in Gefährdungen** des Lebens. Sie kann auch nicht davon abhängen, ob sich die lebensbedrohliche Gefahr letztlich verwirklicht; insofern fehlt es an **Gewissheit im Zeitpunkt der Einwilligung** selbst. Deshalb ist ganz überwiegend anerkannt, dass die Zulässigkeit von Einwilligungen in lebensbedrohliche Gefährdungen durch **Abwägung** ermittelt werden muss. Umstritten ist,

Streitstand ⇨   **welche Kriterien in diese Abwägung eingestellt werden müssen.**

a) Abwägung des Tötungsunwerts

Teilweise wird vertreten, abzuwägen sei der **Unwert einer Tötung** mit dem Wert der Tat und der Autonomie des Opfers.

Argument:

- Die grundsätzliche Unantastbarkeit des Lebens (Stichwort: *Rechtsgedanke von § 216 StGB*) muss auch in der Abwägung beachtet werden.

b) Abwägung der Gefahrnähe

Teilweise wird vertreten, in der Abwägung sei nicht auf die Schwere des Taterfolgs abzustellen, sondern die **Gefahrnähe**. Je größer das eingegangene Risiko sei, umso gewichtiger müsse der verfolgte Zweck ausfallen, um die Einwilligung für wirksam zu halten.

Argumente:

- § 216 StGB verbietet nur Einwilligungen in Tötungen, nicht aber in Gefährdungen (Stichwort: *Reichweite Wortlaut § 216*). Die Einwilligungssperre des § 216 StGB greift damit etwa bei Fahrlässigkeitsdelikten nicht ein.

- **§ 228 StGB** zeigt einen **sachgerechteren Maßstab** für Gefährdungen auf. Diese allgemeine Einwilligungssperre ist nicht nur bei Körperverletzungsdelikten, sondern auch bei Tötungsdelikten anzuwenden, da eine Körperverletzung stets notwendiges Zwischenstadium einer Tötung ist.

Hinweis

Zur **rechtfertigenden Einwilligung in Fahrlässigkeitstaten** genügt nach ganz überwiegender Auffassung die Einwilligung in die sorgfaltswidrige **Handlung**. Sie muss sich nicht auf den Erfolg beziehen, denn das tatbestandliche Verbot der Fahrlässigkeitsdelikte erfasst nur die sorgfaltswidrige Handlung, nicht den Erfolg. Die Gegenauffassung, die fordert, dass der Einwilligende den Erfolgseintritt mindestens für möglich halten und billigend in Kauf nehmen muss, führt im Ergebnis dazu, dass die Einwilligungsdogmatik bei Fahrlässigkeitsdelikten letztlich keine Anwendung findet, da der Einwilligende den Erfolgseintritt regelmäßig gerade nicht billigt.

Vertiefungsfundstelle

Kühl Strafrecht AT § 17 Rn 82 f.

---

30 | # Einwilligungsfähigkeit Minderjähriger bei Verletzung von Vermögensrechten | F
v § 32
Rn 3c

Einwilligen in eine Rechtsgutsverletzung kann, wer einwilligungsfähig ist. Einwilligungsfähig ist grds. jeder Rechtsgutsträger, der nach geistiger und sittlicher Reife imstande ist, **Bedeutung und Tragweite** des Verzichts auf den Schutz des Rechtsguts zu erkennen und sachgerecht zu beurteilen. Umstritten ist,

Streitstand **ob bei der Einwilligung Minderjähriger bei Vermögensrechten die §§ 107 ff. BGB analog heranzuziehen sind.**

a) Geschäftsfähigkeitstheorie

Teilweise wird vertreten, der Minderjährige könne in Eingriffe in Vermögensrechte nur unter den **Voraussetzungen der §§ 107 ff. BGB** einwilligen.

Argument:

- Was die Rechtsordnung dem Minderjährigen **zivilrechtlich versagt**, kann sie nicht strafrechtlich gestatten (Stichwort: *Einheit der Rechtsordnung*).

b) Strafrechtliche Theorie

Überwiegend wird hier allein auf **allgemeine strafrechtliche Einwilligungsregeln** abgestellt. Die **§§ 107 ff. BGB** seien **nicht analog** anzuwenden.

- Die Einwilligung ist **keine Willenserklärung** (Stichwort: *Wortlaut §§ 107 ff.*). Die **festen Altersgrenzen** im Zivilrecht sind für die Frage der **Strafwürdigkeit** trotz Rechtsgutspreisgabe **ungeeignet.**

- Ein **Widerspruch** zwischen Zivil- und Strafrecht entsteht nicht, weil zivilrechtliche Unwirksamkeit nicht auch strafrechtlich sanktioniert sein muss (Stichwort: *Subsidiarität des Strafrechts*).

Hinweis

Trotz Einwilligungsfähigkeit der Person kann die Einwilligung unwirksam sein, insb. bei **Bewusstseinsstörungen** infolge Alkoholkonsums. Voraussetzung ist eine nicht unerhebliche Beeinträchtigung. Auf Schuldunfähigkeit kommt es nicht an.

Vertiefungsfundstelle
Hillenkamp/Cornelius Problem Nr. 7

31	Irrtümer und Wirksamkeit rechtfertigender Einwilligungen	F § 228 Rn 7

Eine Einwilligung muss ernstlich und frei von Willensmängeln, also von Täuschung, Irrtümern und Zwang, sein. Umstritten ist jedoch,

Streitstand 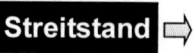 **welche Qualität ein Irrtum beim Einwilligenden haben muss, um der erteilten Einwilligung die Wirksamkeit zu versagen.**

Bsp.: Sind durch Täuschung erlangte Einwilligungen wirksam?

a) Lehre von der Willensmängelfreiheit

Teilweise wird vertreten, eine mit Willensmängeln behaftete Einwilligung sei **generell unwirksam.**

Argument:

- Der Rechtsgüterschutz ist nur dann aufgehoben, wenn die Einwilligung des Rechtsgutsträgers sein fehlendes Schutzinteresse **tatsächlich** wiedergibt (Stichwort: *Entscheidungsfreiheit*).

b) Theorie von der Bedeutungskenntnis

Überwiegend werden nur Fehlvorstellungen für erheblich gehalten, die **rechtsgutsbezogen** sind. Irrtümer über Bedeutung oder Tragweite bzw. die Folgen für das verletzte Rechtsgut seien beachtlich, Irrtümer über Begleitumstände nicht.

- Strafrechtliche Gewährleistungen erfassen nicht generell die Dispositions- und Tauschfreiheit (Stichwort: *kein Dispositionsschutz*), sondern schützen einzelne Rechtsgüter (Stichwort: *Rechtsgüterschutz*).

- Motivirrtümer sind unerheblich, weil eine autonome Preisgabe des Strafrechtsschutzes nur bei rechtsgutsbezogenen Fehlvorstellungen ausscheidet (Stichwort: *rechtsgutsbezogener Autonomiebegriff*).

Hinweise

- Generell gilt, dass die **Art des Zustandekommens** der Fehlvorstellung **unerheblich** ist. Es kommt allein auf den **Inhalt** der Fehlvorstellung an. Deshalb ergibt sich nach hL allein aus der täuschungsbedingten Erlangung einer Einwilligung nicht deren Unwirksamkeit. Die **Rechtsprechung** hingegen neigt bei Täuschungen zu einer Versagung der Wirksamkeit der Einwilligung. Nur auf diese Weise könne das Selbstbestimmungsrecht des Rechtsgutsträgers in ausreichendem Maße geschützt werden.

- Im Fall von **Zwang oder Drohungen** geht die herrschende Meinung von einer Unwirksamkeit der Einwilligung ab dem **Grad des § 240 StGB** aus.

- Das Rechtsinstitut der rechtfertigenden Einwilligung muss nach noch überwiegender Auffassung vom **tatbestandsausschließenden Einverständnis** abgegrenzt werden, und zwar durch Auslegung der betroffenen Strafnorm: Ein Rechtsschutzverzicht wirkt tatbestandsausschließend, wenn der Straftatbestand nur gegen oder ohne den Willen des Rechtsgutsträgers verwirklicht werden kann.

  Bsp.: Hausfriedensbruch, § 123 StGB, Freiheitsberaubung, § 239 StGB

  Die Voraussetzungen des tatbestandsausschließenden Einverständnisses hängen davon ab, ob es sich auf eine **faktische** oder **normative** Position des jeweiligen Straftatbestandes bezieht:

  – Der Verzicht auf eine **faktische Position** setzt einen bloß natürlichen Willen voraus; Willensmängel des Zustimmenden sind irrelevant. Der Täter muss das Einverständnis nicht kennen.

  – Der Verzicht auf eine **normative Position** unterliegt den gleichen Voraussetzungen wie die rechtfertigende Einwilligung. Für die Wirksamkeit des Verzichtswillens gelten die oben genannten Grundsätze.

Vertiefungsfundstellen

Hillenkamp/Cornelius Problem Nr. 7; *Kühl* Strafrecht AT § 9 Rn 37 ff.

Schuld

Nach dem Schuldgrundsatz (Art. 20 III, 103 II GG, § 46 I 1 StGB) darf der Täter nicht allein deshalb bestraft werden, weil er Unrecht verwirklicht hat. Daher geht es in der Bewertungsstufe der Schuld um die Frage der **persönlichen Verantwortlichkeit** für ein verwirklichtes Unrecht.

Schuld wird heute überwiegend **normativ** verstanden. Es geht um eine Bewertung der zur Unrechtsverwirklichung führenden Gesinnung des Täters als vorwerfbar.

Dabei setzt schuldhaftes Handeln voraus, dass der Täter zum einen die Fähigkeit zur Unrechtseinsicht hatte und zum anderen steuerungsfähig war. Im Rahmen der Schuld sind mithin die Schuldfähigkeit des Täters (vgl. §§ 19, 20 StGB), der Notwehrexzess (§ 33 StGB), der entschuldigende Notstand (§ 35 StGB) der übergesetzliche Notstand sowie der Verbotsirrtum (§ 17 StGB) zu prüfen.

Im Einzelnen finden Sie hier folgende Streitstände:

Strafrechtliche Verantwortung setzt Schuldfähigkeit des Täters **im Zeitpunkt der Unrechtsverwirklichung** voraus (Stichwort: *Koinzidenzprinzip*). Die Prüfung der Schuldunfähigkeit (§ 20 StGB) und der verminderten Schuldfähigkeit (§ 21 StGB) kann dabei in drei Punkte aufgeteilt werden: (1) Biologisch-psychologische Störung, (2) Auswirkung der Störung auf die Einsichts- oder Steuerungsfähigkeit, (3) Vorliegen bei Begehung der Tat. Fehlt es an der Schuldfähigkeit, weil der Täter beispielsweise zum Tatzeitpunkt bis zum Grad der Schuldunfähigkeit betrunken ist, kommt in Betracht, an eine frühere für den Taterfolg ursächliche Handlung anzuknüpfen. Voraussetzung dafür ist, dass das jeweilige Erfolgsdelikt keine bestimmte Art der Begehung voraussetzt (Stichwort: *Verhaltensneutralität*). Im Bereich der **Fahrlässigkeitsdelikte** ergeben sich insoweit nach ganz überwiegender Auffassung keine Probleme, wenn das Vorverhalten sorgfaltswidrig war und der Erfolg dadurch bereits objektiv zurechenbar verursacht wurde. Für den **umstrittenen Bereich der vorsätzlichen Begehungsdelikte** kommt es dabei darauf an,

 **Streitstand** ⇨   **ob die Rechtsfigur der actio libera in causa anerkannt wird.**

a) Ausnahmemodell

Teilweise wird vertreten, die actio libera in causa sei eine **Ausnahme zum Koinzidenzprinzip** des § 20 StGB. Schuldfähigkeit vor Deliktsbegehung sei in diesem Fall ausreichend.

Argumente:

- § 20 StGB bedarf einer teleologischen Reduktion, da die Herbeiführung des Zustands der Schuldunfähigkeit zur Begehung einer Straftat rechtsmissbräuchlich ist (Stichworte: *teleologische Reduktion, Rechtsmissbrauch*).

- Die Rechtsfigur der actio libera in causa ist bereits **gewohnheitsrechtlich verfestigt**.

b) Ausdehnungsmodell

Teilweise wird vertreten, die Versetzung in den Defektzustand sei bereits Teil der Straftat. Das Merkmal „bei Begehung der Tat" ist weit auszulegen.

- Schuld wird dem Täter wertend zugeschrieben. Daher lässt sich deren Beurteilungsgrundlage nicht auf den Zeitpunkt der Tathandlung begrenzen.

c) Tatbestandsmodell

Teilweise wird vertreten, der **Versuchsbeginn** einer im Zustand der Schuldunfähigkeit begangenen Tat liege **bereits in der vorsätzlichen Herbeiführung dieses Zustandes** (Stichwort: *Vorverlagerung*).

Argumente:

- Der Täter setzt zur Tat unmittelbar an, da bereits die Herbeiführung des Zustands der Schuldunfähigkeit die **entscheidende Ursache** für das spätere Geschehen ist (Stichwort: *normative Anknüpfung*).

- Der Täter benutzt sich selbst als ein schuldloses Werkzeug (Stichwort: *Haftungsstruktur mittelbarer Täterschaft durch „Ich-Spaltung"*).

d) Unvereinbarkeitstheorie

Wohl schon überwiegend wird die Rechtsfigur der actio libera in causa **insgesamt abgelehnt**. In Betracht komme nur eine Strafbarkeit nach § 323a StGB.

Argumente:

- Das **Ausnahmemodell** ist mit § 20 StGB **unvereinbar**, wonach die Schuldfähigkeit bei Begehung der Tat vorliegen muss. Gewohnheitsrecht **zu Lasten** des Täters verstößt gegen Art. 103 II GG (nulla poena sine lege). Der Gesetzgeber hat sich zudem 1975 im Rahmen der Strafrechtsreform eindeutig gegen die Normierung einer Ausnahmeregelung zu § 20 StGB entschieden.

- Das **Ausdehnungsmodell** verstößt ebenfalls gegen das geltende Recht, namentlich **§ 8 StGB** und ist damit letztlich ebenfalls eine Art Ausnahmemodell.

- Das **Tatbestandsmodell** stilisiert straflose **Vorbereitungshandlungen** zum Versuchsbeginn. Zudem ist dem StGB eine juristische „**Ich-Spaltung**" fremd. Spätestens bei **eigenhändigen Delikten und Tätigkeitsdelikten** versagen die Erklärungsansätze; so ist beispielsweise Sich-Betrinken keine „Wegnahme" oder „Tötung" und eigenhändige Delikte können auch nicht in mittelbarer Täterschaft verwirklicht werden.

- Ein kriminalpolitisches Bedürfnis für die actio libera in causa besteht nicht, da es vor dem Hintergrund des § 323a StGB **keine Strafbarkeitslücken** gibt.

Hinweise

- Für **vorsätzliche verhaltensgebundene Begehungsdelikte** kommt die Vorverlagerungstheorie bereits grundsätzlich nicht in Betracht. Für diese Deliktsgruppe hat die Rechtsprechung die actio libera in causa verworfen.

- Der **Versuchsbeginn** bei actio libera in causa hängt vom Erklärungsmodell ab:

  - Das Ausdehnungs- und Tatbestandsmodell sehen ihn bereits in der vorsätzlichen Herbeiführung des Zustands der Schuldunfähigkeit.

  - Das Ausnahmemodell stellt auf das Verhalten im schuldunfähigen Zustand und damit auf allgemeine Kriterien ab.

- Die actio libera in causa existiert in einer **vorsätzlichen und einer fahrlässigen Variante**, wobei die fahrlässige möglicherweise entbehrlich ist (s.o.):

  - **Vorsätzliche** actio libera in causa setzt sowohl das vorsätzliche Herbeiführen des Defektzustandes als auch einen bereits in diesem Zeitpunkt bestehenden Vorsatz zur Begehung des jeweiligen Delikts voraus (Stichwort: *Zweifachvorsatz*).

  - **Fahrlässige** actio libera in causa liegt vor, wenn entweder der Täter den Defektzustand bloß sorgfaltswidrig herbeiführte oder dabei sorgfaltswidrig das Risiko der Deliktsbegehung verkannte.

- Beim Herbeiführen des Defektzustands und späterem Unterlassen wird die Problematik unter dem Stichwort „**omissio libera in causa**" diskutiert. § 13 StGB beinhaltet dabei auch die Pflicht, sich rettungsfähig zu halten. Die Quasi-Kausalität ist dann jedoch fraglich.

Vertiefungsfundstellen

Hillenkamp/Cornelius Problem Nr. 13; *Kühl* Strafrecht AT § 11 Rn 6 ff.

Der Notwehrexzess iSd § 33 StGB ist nach überwiegender Auffassung ein **Entschuldigungsgrund**. Anerkannt ist dabei, dass § 33 StGB den **intensiven Notwehrexzess** erfasst, der Verteidiger also in einer Notwehrlage über die Grenzen der Erforderlichkeit oder Gebotenheit hinausgeht. Umstritten ist,

 **Streitstand** ⇨ **ob § 33 StGB auch den extensiven Notwehrexzess erfasst, also wenn der Täter die zeitlichen Grenzen der Notwehr überschreitet.**

a) Restriktive Theorie

Überwiegend wird vertreten, der extensive Notwehrexzess sei **nicht** entschuldigt. § 33 StGB setze eine tatsächlich bestehende Notwehrlage voraus, in der der Täter allein das Maß der erforderlichen Verteidigung überschreitet.

Argumente:

- Die Grenzen der Notwehr können nach § 33 StGB nur überschritten werden, wenn überhaupt ein **Notwehrrecht besteht** (Stichwort: *Wortsinn*).

- § 33 StGB baut **systematisch** auf § 32 StGB auf. In beiden Fällen ist eine tatsächliche Notwehrlage Voraussetzung (Stichwort: *Systematik*).

b) Extensive Theorie

Teilweise wird **jeder zeitliche Exzess** als von § 33 StGB erfasst gesehen.

Argumente:

- Die „Grenzen der Notwehr" sind auch bei Verteidigungshandlungen **vor und nach** einem notwehrrechtsbegründenden Angriff überschritten (Stichwort: *weiter Wortsinn*).

- Der zeitliche extensive Exzess ist ebenso „**verzeihlich**" wie der intensive.

c) Differenzierende Theorie

Teilweise wird vertreten, § 33 StGB erfasse den **nachzeitig extensiven**, nicht aber den vorzeitigen Notwehrexzess.

Argument:

- Nur beim vorzeitigen Exzess liegt ein Überschreiten der Notwehrgrenzen mangels Existenz einer Notwehrlage nicht vor. Beim **nachzeitigen** Notwehrexzess greift das **begriffliche Argument** aber **nicht**.

Vertiefungsfundstelle

Kühl Strafrecht AT § 12 Rn 126 ff.*; Roxin* AT I § 22 Rn 68 ff.

| 34 | **Behandlung von Putativ-
notwehrexzessen** | F
§ 33
Rn 5 |

Der Putativnotwehrexzess ist eine **Mischung** aus Erlaubnistatumstandsirrtum und Notwehrexzess. Während ein reiner Erlaubnistatumstandsirrtum nur vorliegt, wenn der Täter sich Umstände vorstellt, deren tatsächliches Vorliegen sein Handeln rechtfertigen würde, überschreitet der Täter beim Putativnotwehrexzess zusätzlich die Grenzen der potentiell rechtfertigenden Erlaubnisnorm aus Verwirrung, Furcht oder Schrecken.

Bsp.: A nimmt irrig an, von B angegriffen zu werden. Bei seiner „Verteidigung" überschreitet er aus Angst das hypothetisch erforderliche Maß.

Umstritten ist,

 **Streitstand** ⇨

wie der Putativnotwehrexzess strafrechtlich zu behandeln ist.

a) Entschuldigungslösung

Teilweise wird vertreten, die Handlungen im Putativnotwehrexzess seien entschuldigt **analog** § 33 StGB.

Argument:

- Der **entschuldigend wirkende Affekt** und die intensive Überschreitung der Erforderlichkeitsgrenze der Notwehr sind bei bloß vorgestellter Notwehrlage nicht anders als bei tatsächlicher (Stichwort: *Normzweckübertragung*).

b) Anti-Analogielösung

Überwiegend wird eine Analogie zu § 33 StGB **abgelehnt.**

Argumente:

- Wo kein Notwehrrecht besteht, kann es auch nicht überschritten werden (Stichwort: *Wortlaut*).

- Das betroffene **Opfer ist kein Angreifer** und muss gegen Exzesshandlungen durch das Recht geschützt werden (Stichwort: *Schutzwürdigkeit*).

- Es wäre widersprüchlich, vermeidbare Putativnotwehr als fahrlässiges Unrecht zu bestrafen (vgl. STREITSTAND Nr. 15 zum ETI), den vermeidbaren Putativnotwehrexzess hingegen zu entschuldigen (Stichwort: *Widersprüchlichkeit*).

Hinweise

- Teilweise wird eine Analogie für möglich gehalten, wenn das Opfer den Irrtum **selbst verschuldet** hat. Der Exzess treffe in diesem Fall keinen Unbeteiligten, vielmehr sei das Opfer „selbst schuld". Insoweit fehle ein Schutz- und Strafbedürfnis.

- Umstritten ist ferner, ob das **Bewusstsein**, infolge eines psychischen Ausnahmezustandes zu übermäßiger Verteidigung zu greifen, zum Ausschluss der Rechtswirkung von § 33 StGB führt.

  - Das wird **überwiegend** verneint. Der Wortlaut von § 33 StGB enthalte **keine Beschränkung auf unbewusste Exzesse**. Affekt und bewusste Notwehrrechtsüberschreitung würden sich auch nicht gegenseitig ausschließen. § 33 StGB habe überdies mit § 16 StGB nichts zu tun.

  - Die **Gegenauffassung** weist darauf hin, dass § 33 StGB nach Sinn und Zweck auf Fälle zugeschnitten sei, in denen die Fähigkeit des Täters, das Geschehen richtig zu verarbeiten, erheblich reduziert ist. Das sei bei bewusster Notwehrrechtsüberschreitung nicht der Fall.

- Nach der Rechtsprechung scheidet § 33 StGB aus, wenn sich der Täter **planmäßig** auf eine Auseinandersetzung **eingelassen** hat. Das ergibt sich für Absichtsprovokationen bereits aus dem Wegfall des Notwehrrechts insgesamt. Bei bloß fahrlässiger Provokation lässt es sich hingegen kaum begründen. § 33 StGB sei „notwehrrechtsakzessorisch". Der Gesetzgeber habe auch anders als in § 35 I 2 StGB nicht zwischen verschuldeter und unverschuldeter Notwehr differenziert. Deshalb könne auch nicht überzeugen, wenn die Rechtsprechung bereits aus Einschränkungen des Notwehrrechts infolge rechtsethischer Erwägungen das Exzessprivileg entfallen lassen will.

Vertiefungsfundstellen

Kühl Strafrecht AT, § 12 Rn 155 ff.; *Roxin* AT I § 22 Rn 94 ff.

Nach § 17 S. 1 StGB handelt ohne Schuld, wer sich in einem unvermeidbaren Verbotsirrtum befand. Daraus ergibt sich umgekehrt, dass Voraussetzung für die Bestrafung potentielles Unrechtsbewusstsein des Täters ist. Es muss nicht aktuell sein, sondern für den Täter nur möglich, es zu entwickeln. Umstritten ist

Streitstand  **die erforderliche Qualität des potentiellen Unrechtsbewusstseins eines Straftäters.**

a) Theorie des allgemeinen Rechtsverstoßes

Ganz überwiegend wird das Täterbewusstsein für ausreichend gehalten, gegen **irgendeine** Rechtsnorm zu verstoßen und dadurch Unrecht zu begehen.

Argument:

- Unrechtsbewusstsein hat, wer die **Wertwidrigkeit** seines Verhaltens **erkennt** – egal, ob diese aus dem Straf-, Zivil- oder Verwaltungsrecht folgt.

b) Theorie der Strafbarkeitsvorstellung

Teilweise wird das Bewusstsein, sich nach einer Vorschrift „strafbar" zu machen, verlangt.

Argument:

- Im StGB geht es **nicht allgemein um Wertwidrigkeiten**, sondern um Strafbarkeit. Das Bewusstsein der Strafbarkeit umfasst zwar regelmäßig als **Minus** das des Rechtsregelverstoßes, **umgekehrt** gilt dies jedoch **nicht**.

Hinweise

- Die **Vermeidbarkeit des Verbotsirrtums** wird weit gefasst: Sie liegt bereits vor, wenn das Vorhaben des Täters hätte Anlass geben müssen, über dessen mögliche Rechtswidrigkeit nachzudenken und Erkundigungen einzuholen. Die Erkundigungen müssen bei einer Stelle eingeholt werden, die sachkundig Auskunft erteilen kann. Sucht der gefragte Rechtsanwalt erkennbar nach Möglichkeiten der Umgehung des Rechts, scheidet Vermeidbarkeit aus. Die Erkundigungspflicht setzt nicht erst bei Unrechtszweifeln ein, sondern besteht, sofern der Täter bei Anspannung seines Gewissens Zweifel hätte haben können.

- Der obige Streit hat **wenig Relevanz**, denn eine Vermeidbarkeit des Bewusstseins der Strafbarkeit wird kaum je anzunehmen sein, wenn der Täter im Bewusstsein der Rechtsregelwidrigkeit handelte.

- Dabei werden von § 17 StGB erfasst:

  - der **direkte Verbotsirrtum bzw. Subsumtionsirrtum**, d.h. die Unkenntnis des betroffenen Ge- oder Verbots oder das Verkennen von dessen Reichweite;

  - der **indirekte Verbotsirrtum**, d.h. die Annahme eines rechtlich nicht anerkannten Rechtfertigungsgrundes (**Erlaubnisirrtum**; etwa die Annahme, das Recht erlaube eine Abwägung „Leben gegen Leben") sowie der Irrtum über die Grenzen eines rechtlich anerkannten Rechtfertigungsgrundes (**Erlaubnisgrenzirrtum**);

  - der **Entschuldigungs- und Entschuldigungsgrenzirrtum**.

Vertiefungsfundstelle

Kühl Strafrecht AT, § 12 Rn 29 f.

36	**Irrtum über persönliche Strafausschließungsgründe**	F § 16 Rn 27

Anerkannt ist, dass **sachliche** Strafausschließungsgründe *(Bsp.: Erweislichkeit der Wahrheit, § 186 StGB)* **objektiv** vorliegen müssen. Umstritten ist,

 **Streitstand** ⇨ **ob für die Anwendbarkeit persönlicher Strafausschließungsgründe die objektive Lage oder die Tätervorstellung maßgeblich ist.**

Bsp.: Persönliche Strafausschließungsgründe sind etwa das Selbstbegünstigungs- und Angehörigenprivileg der Strafvereitelung, § 258 V, VI StGB.

a) Objektive Theorie

Teilweise wird allein auf die **objektive Lage** abgestellt. Dem Täter komme die irrige Annahme von Umständen, die einen Strafausschließungsgrund ausmachen würden, nicht zu Gute.

- „Straflosbedingungen" liegen **außerhalb** von Tatbestand, Rechtwidrigkeit und Schuld. Sie sind nur wirksam, wenn ihre tatsächlichen Voraussetzungen objektiv erfüllt sind (Stichwort: *objektive „Straflosbedingungen"*).

b) Subjektive Theorie

Teilweise wird auf die **Tätervorstellung** abgestellt.

Argumente:

- Persönliche Strafausschließungsgründe liegen nicht außerhalb der Schuld des Täters, weil sie seine **Motivation** betreffen. Verminderte Schuld bestimmt sich aus Tätersicht (Stichwort: *Schuldnähe*).

- Wenn schon die irrige Vorstellung privilegierender Umstände nach § 16 II StGB die Strafe mildert, muss dem Täter erst recht die irrige Annahme strafausschließender Umstände zu Gute kommen (Stichwort: *§ 16 II analog*).

c) Differenzierende Theorie

Überwiegend wird nach der Art des persönlichen Strafausschließungsgrundes differenziert:

- Auf die **objektive** Lage sei abzustellen bei

  - **staatspolitischen Belangen** *(Bsp.: § 36 StGB)* oder

  - **kriminalpolitischen Zweckmäßigkeitserwägungen** *(Bsp.: § 173 III StGB)*.

- Die **Tätervorstellung** entscheide

  - bei **notstandsähnlichen Motivationslagen** und

  - Fällen **verminderten Schuldgehalts**.

Argumente:

- Einheitslösungen verbieten sich, weil persönliche Strafausschließungsgründe gesetzgeberisch **sowohl** individuell **als auch** überindividuell motiviert sein können (Stichwort: *Strafausschließungszwecke*).

- Nur, wenn die Strafausschließung auf **schuldnahen Gründen** beruht, kann die „innere Lage" des Täters maßgeblich sein. Andernfalls, insbesondere bei durch bloße gesetzgeberische Zweckmäßigkeitserwägungen motivierten Ausschließungsgründen, entscheidet die objektive Situation.

Hinweise

- Die vorliegende Diskussion wird von der nach der gesetzgeberischen Motivation differenzierenden Auffassung gewissermaßen zusammengefasst und weiterentwickelt. Beachten Sie aber bitte, dass die differenzierende Auffassung im konkreten Einzelfall entweder der objektiven oder subjektiven Theorie im Ergebnis entspricht.

- Weitere **vergleichbare Irrtumskonstellationen** sind:

  - Sowohl die irrige Annahme als auch die Unkenntnis von objektiven Bedingungen der Strafbarkeit sind unbeachtlich; § 16 StGB gilt gerade nicht.

  - Ein **Irrtum über Strafzumessungsgesichtspunkte**, namentlich über die Erfüllung eines **Regelbeispiels**, wird überwiegend analog § 16 I 1 StGB für beachtlich gehalten. Es sei mit dem Schuldprinzip unvereinbar, eine Vorsatzstrafe ohne Wissen und Wollen der Umstände, die Straferhöhungen bedingen, zu erhöhen. Dabei komme es nicht darauf an, dass Regelbeispiele keine Tatbestandsmerkmale sind.

Vertiefungsfundstelle

Hillenkamp/Cornelius Problem Nr. 11

Versuch

Das Delikt entwickelt sich von der ersten Idee über den Tatentschluss bis zu den Vorbereitungshandlungen im straflosen Bereich. Das ändert sich nach Maßgabe von §§ 22, 23 I StGB mit dem Eintritt in das Versuchsstadium, mithin mit dem mittelbaren Ansetzen zur Tatbestandsverwirklichung nach der Vorstellung des Täters. Die Versuchsstrafbarkeit birgt dabei Streitpunkte an den verschiedensten Stellen im Deliktsaufbau.

Im Einzelnen finden Sie folgende Streitstände:

Der Versuch des Verbrechens ist stets strafbar, bei Vergehen nur kraft ausdrücklicher gesetzlicher Bestimmung, § 23 I StGB. Umstritten ist,

 ⇨ **welchem Grund die Versuchsstrafbarkeit des StGB verpflichtet ist.**

*Hinweis: Der Strafgrund des Versuchs ist als **Auslegungshilfe** bei Streitfragen in der Versuchslehre vielfach bedeutsam.*

a) Subjektive Gefährlichkeitstheorie

Die Rechtsprechung sieht den Grund für die Strafbarkeit des Versuchs in der **Betätigung des rechtsfeindlichen Willens durch den Täter.**

Argumente:

- Die subjektive Versuchslehre hat in § 22 StGB ihren klaren Ausdruck gefunden, weil die „Vorstellung" des Täters den Versuchsbegriff bestimmt (Stichwort: **Wortlaut § 22**).

- Die Versuchsstrafbarkeit richtet sich gegen den verbrecherischen Willen, der die Normgeltung gefährdet; der Versuch bestraft gerade Handlungsunrecht (Stichwort: **Normgeltungsgefahr durch Tatvorsatz**).

- Zwischen gefährlichen und ungefährlichen Versuchen kann **nicht unterschieden werden**, da ohne Erfolg jede Kausalität und Grundlage einer Gefährlichkeitseinschätzung fehlt.

b) Eindruckstheorie

Im Schrifttum wird überwiegend ergänzend darauf abgestellt, dass durch die **Betätigung des rechtsfeindlichen Willens** (Stichwort: **Manifestation**) der **Rechtsfrieden** und das **Vertrauen der Allgemeinheit in die Geltung der Rechtsordnung** beeinträchtigt werden (Stichwort: **gemischt objektiv-subjektive Theorie**).

Argumente:

- Die Versuchsstrafbarkeit darf das **Tatstrafrecht** nicht in ein Gesinnungsstrafrecht umwandeln. Deshalb muss die subjektive Versuchstheorie um einen **objektiv-generalpräventiven Gedanken** ergänzt werden.

- Bei der Versuchsstrafbarkeit geht es nicht um Sanktionierung individual-ethischer Verwerflichkeit, sondern um **Abwehr sozialschädlicher Angriffe**.

c) Objektive Gefährlichkeitstheorie

Teilweise wird vertreten, der Versuch werde bestraft, weil wegen der konkreten Möglichkeit des Handlungsvollzugs eine **Gefahr für das Rechtsgut** besteht.

Argumente:

- Strafrecht ist **Rechtsgüterschutz** und darf nicht zum Gesinnungsstrafrecht werden. Die Vollendungstat ist eine kausale Rechtsgutsverletzung, der Versuch beginnt mit tatbestandsnaher **Gütergefährdung**.

- Die subjektive Theorie ist zur Abgrenzung von Versuch und strafloser Vorbereitungshandlung **nicht** in der Lage.

Hinweise

- Ein Versuch scheidet aus, wenn die Tat vollendet ist. **Nichtvollendungsfälle** liegen vor, wenn ein **Merkmal des objektiven Tatbestands nicht erfüllt ist**.

- Der **untaugliche Versuch** ist strafbar, weil

  - § 22 StGB auf die Vorstellung des Täters abstellt und

  - in § 23 III StGB nur ein Absehen von Strafe bzw. Strafmilderungen für den schlicht blödsinnigen Versuch vorgesehen wurde.

- Umstritten ist die Strafbarkeit des **abergläubischen Versuchs**.

  - Das wird teilweise befürwortet unter Hinweis auf § 23 III StGB. Es handele sich um ein Handeln aus grobem Unverstand.

  - Die Gegenmeinung betont, dass Totbeten, Verhexen oder Verfluchen bereits nicht als strafbarer Versuch erfasst seien. Der bloße Wunsch sei keine „tatmächtige" Betätigung eines rechtsfeindlichen Willens und keine Auflehnung gegen Strafrechtsnormen. Auch ein rechtserschütternder Eindruck werde nicht vermittelt.

- Das straflose **Wahndelikt** unterscheidet sich vom strafbaren **untauglichen Versuch** darin, dass der Täter die Tatsachen zutreffend erfasst, jedoch die rechtlichen Voraussetzungen der Strafbarkeit verkennt.

Vertiefungsfundstelle

Sch/Sch/Eser/Bosch, § 24 Rn 2 ff.

Unbenannte Strafschärfungs- und Strafmilderungsgründe ändern nach § 12 III StGB die Deliktsnatur nicht. Für **benannte** Strafänderungsgründe, also Qualifizierungen und Privilegierungen, gilt § 12 III StGB jedoch nicht. Während die Verwirklichung eines qualifizierenden Tatbestands versucht werden kann, ist

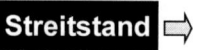 **Streitstand** ⇨ **die Möglichkeit des Versuchs iSv § 22 StGB bei Regelbeispielen umstritten.**

a) Theorie vom Quasiversuch

Nach der Rechtsprechung kann die Regelwirkung eintreten, wenn der Täter unmittelbar zur Verwirklichung des Regelbeispiels angesetzt hat **und** auch das Grunddelikt noch im Versuchsstadium steckt.

Argument:

- Regelbeispiele unterscheiden sich ihrem Wesen nach nicht von Qualifikationstatbeständen. Ihre Wertungsoffenheit ist eine bloß formale Differenz in der Gesetzestechnik (Stichwort: *Tatbestandsgleichheit*).

b) Ablehnende Theorie

Im Schrifttum wird der Quasiversuch eines Regelbeispiels **abgelehnt**.

Argumente:

- Regelbeispiele sind **keine Straftatbestände**, sondern Strafzumessungsregeln, die **begrifflich** nicht versucht werden können (*arg. e § 22*).

- Die analoge Anwendung von § 22 StGB auf Regelbeispiele ist verboten, Art. 103 II GG (Stichwort: *Gesetzlichkeitsprinzip*).

- Die Rechtsprechung ist **inkonsistent**, wenn sie den Versuch des Regelbeispiels bei Grunddeliktsvollendung ablehnt (Stichwort: *Widersprüchlichkeit*).

Hinweise

- Regelbeispiele finden sich zB in §§ 243 I 2, 253 IV 2 und 263 III 2 StGB.

- Der **Versuch bei Qualifikationen** ist anerkannt, kann aber nicht früher beginnen als der des Grunddelikts. Gleichzeitig genügt zum unmittelbaren Ansetzen zur Qualifikation nicht bereits das Ansetzen zum Grunddelikt. Es kommt auf die Manifestation der spezifischen Qualifikationsgefährlichkeit an.

Erfolgsqualifizierte Delikte (z.B. § 227 StGB) sind trotz des ihnen innewohnenden Fahrlässigkeitsmoments nach § 11 II StGB **Vorsatztaten** und damit grundsätzlich „versuchsfähig". Handelt der Täter vorsätzlich bezüglich der schweren Folge und bleibt diese aus, liegt anerkanntermaßen eine **versuchte Erfolgsqualifikation** vor. Umstritten ist,

 **Streitstand** ⇨ **ob durch Eintritt der schweren Folge beim Versuch des Grunddelikts ein erfolgsqualifizierter Versuch begangen wurde.**

a) Lehre von der Erfolgsgefährlichkeit

Teilweise wird vertreten, ein erfolgsqualifizierter Tatbestand setze die **Vollendung** des Grunddelikts zwingend voraus.

Argumente:

- Die spezifische Gefährlichkeit erfolgsqualifizierter Delikte ergibt sich gerade aus dem **Zusammenhang** von Grunderfolg und schwerer **Folge**.

- Außerdem handelt es sich bei erfolgsqualifizierten Delikten um solche, die vorsätzliches Handlungsunrecht und fahrlässiges Erfolgsunrecht erfassen und damit insgesamt um Fahrlässigkeitsdelikte. Bei diesen ist der Versuch nicht strafbar; es ist nur aus dem versuchten Grunddelikt zu bestrafen.

b) Lehre von der Handlungsgefährlichkeit

Selten wird vertreten, ein erfolgsqualifizierter Versuch sei **immer** auch bei bloß versuchtem Grunddelikt denkbar.

Argument:

- Das Gesetz knüpft an den **Eintritt** der schweren Folge die erhöhte Strafe **unabhängig** davon, ob die Tat versucht oder vollendet ist.

c) Differenzierende Theorie

Ganz überwiegend wird nach dem jeweiligen erfolgsqualifizierten Delikt differenziert: Muss sich die schwere Folge **aus dem Erfolg des Grunddelikts** entwickeln, könne an den bloßen Versuch nicht angeknüpft werden. Sei der Zusammenhang zwischen tatbestandsmäßiger **Handlung** und schwerer Folge ausreichend, genüge die Versuchshandlung beim Grunddelikt.

- Die erforderliche Verknüpfung zur schweren Folge ist systematisch eine Frage der objektiven Zurechnung, namentlich des **Zurechnungszusammenhangs**. Sie kann nicht generell, sondern nur **für jedes Delikt einzeln** bestimmt werden (Stichwort: *Tatbestandsauslegung*).

Hinweise

Darüber hinaus scheidet die Möglichkeit eines erfolgsqualifizierten Versuchs speziell für die **Körperverletzungsdelikte** auf der Grundlage der sog. **Letalitätsthese** aus.

- Nach der sog. Letalitätsthese muss sich der Todeseintritt im Rahmen des § 227 StGB gerade aus dem vorsätzlich herbeigeführten Körperverletzungserfolg ergeben, der sich quasi als „tödliche Wunde" herausstellen muss. Liegt nur ein Körperverletzungsversuch vor, so ist lediglich eine Körperverletzungshandlung gegeben, nicht aber ein vorsätzlich herbeigeführter Körperverletzungserfolgs, der sich in der schweren Folge hätte realisieren können. Eine Strafbarkeit wegen versuchter Körperverletzung mit Todesfolge wäre somit nicht möglich.

- Nach überwiegender Ansicht in Rechtsprechung und Schrifttum ist es hingegen ausreichend, wenn sich die durch die Körperverletzungshandlung gesetzte spezifische Gefahr in der schweren Folge realisiert hat (Stichwort: **Handlungskausalität**). Die hiernach erforderliche Handlungsgefährlichkeit kann aber auch in der den Versuch begründenden Verhaltensweise liegen, sodass unter Zugrundelegung dieser Ansicht die Möglichkeit eines erfolgsqualifizierten Versuchs bestünde.

Erfolgsqualifikationen setzen sich aus einem vorsätzlichen Grunddelikt und einer schweren Folge zusammen. Umstritten ist,

 **Streitstand** ⇨ **ob ein erfolgsqualifizierter Versuch auch dann strafbar ist, wenn der Versuch des Grunddelikts straflos ist.**

Bsp.: Anwendungsfälle dieses Problems ergeben sich bei Aussetzung, § 221 I, II Nr. 2, III StGB, und bei § 235 I Nr. 1, II Nr. 2, V StGB.

a) Verwandlungstheorie

Teilweise wird der erfolgsqualifizierte Versuch **selbst dann** befürwortet, wenn das Grunddelikt keiner Versuchsstrafbarkeit unterliegt.

Argumente:

- Durch den erhöhten Strafrahmen der Erfolgsqualifikation ändert sich die **Deliktsnatur**, § 12 I StGB. Darin liegt eine gesetzgeberische **Umwertung**.

- Die Straflosigkeit des Versuchs beim Grunddelikt spricht nicht gegen einen entsprechenden erfolgsqualifizierten Versuch, da sich der **Unrechtsgehalt** durch den Erfolgseintritt **materiell ändert**.

b) Akzessorietätstheorie

Überwiegend wird der erfolgsqualifizierte Versuch ohne Versuchsstrafbarkeit des Grunddelikts **abgelehnt**.

Argumente:

- Qualifizierende Folgen iSv § 18 StGB haben nur strafschärfende, keine strafbegründende Wirkung.

- Beim erfolgsqualifizierten Versuch steht der **Versuch** des Grunddelikts im Vordergrund, bei dem die **schwere Folge eintritt**.

Hinweis

Der **Versuch der Erfolgsqualifikation** wird hingegen trotz Straflosigkeit beim Versuch des Grunddelikts überwiegend bejaht, weil der **auf die schwere Folge gerichtete Tatentschluss** den Versuch derart präge, dass die Versuchsstrafbarkeit an der Verbrechensnatur der Erfolgsqualifikation auszurichten sei.

Unmittelbarkeit im Sinne des Versuchsbeginns

Im Rahmen des Tatbestands ist bei der Prüfung des Versuchs zweischrittig vorzugehen: Zunächst ist das Vorliegen von **Tatentschluss** und sodann das **unmittelbare Ansetzen** des Täters zur Tatbestandsverwirklichung zu prüfen. Mit der **Teilverwirklichung** des Tatbestandes hat der Täter regelmäßig unmittelbar iSv § 22 StGB angesetzt. Im **Zeitraum davor** ist umstritten,

 **nach welchen Kriterien das unmittelbare Ansetzen zu bestimmen ist.**

Die Ermittlung des Versuchsbeginns muss an der Vorstellung des Täters von seiner Tat orientiert erfolgen. Diese **subjektive Perspektive** ist anerkannt und folgt aus § 22 StGB (Stichwort: *individuelle Theorie*).

a) Formelle Theorie (Zwischenaktslehre)

Teilweise wird das unmittelbare Ansetzen nur bejaht, wenn nach der Tätervorstellung **keine weiteren Zwischenakte** zur Verwirklichung des Tatbestands mehr erforderlich sind.

Argumente:

- Der Beginn der Strafbarkeit muss nach der „**Tatbestandsnähe**" des **Verhaltens** ermittelt werden.

- Rechtsgutsgefährdungen sind angesichts vieler **quantitativer Abstufungen** ungeeignet, um den Zeitpunkt des Versuchsbeginns hinreichend genau festzulegen. Zwischenakte eignen sich dafür wegen ihrer **formalen** Fassbarkeit besser (Stichwort: *Abgrenzbarkeit*).

b) Materielle Theorie (Gefährdungslehre)

Teilweise wird darauf abgestellt, wann das Rechtsgut nach der Vorstellung des Täters **konkret gefährdet** ist.

Argumente:

- Strafrecht ist **Rechtsgüterschutz**. Der Beginn der Strafbarkeit muss sich daran orientieren (Stichwort: *Strafgrund des Versuchs*).

- Nur die materielle Sichtweise ist in der Lage, den Versuchsbeginn für alle Konstellationen **einheitlich** zu bestimmen. Das Abstellen auf Zwischenakte ist zu unbestimmt.

c) Kombinationsformel

Nach Auffassung der Rechtsprechung setzt unmittelbar an, wer subjektiv die Schwelle zum **„jetzt geht es los"** (Stichwort: *„Feuerprobe der kritischen Situation"*) überschreitet und objektiv so zur tatbestandsmäßigen Angriffshandlung ansetzt, dass sein Tun **ohne Zwischenakte** (Stichworte: *Handlungsunmittelbarkeit, räumlich-zeitliche Unmittelbarkeit*) in die Erfüllung des Tatbestandes übergeht.

Argumente:

- Die unmittelbare Gefährdung des bedrohten Rechtsguts spielt nach § 22 StGB keine Rolle (Stichwort: *Wortlaut § 22 StGB*). Sie löst außerdem den Beginn der Strafbarkeit von der Person des Täters ab (Stichwort: *Wortlaut „seiner Vorstellung"*).

- Die Doppelfrage nach weiteren erforderlichen Willensimpulsen oder Zwischenakten ist eine **praktikable und rechtssichere Kombination** zur Abgrenzung von Straflosigkeit und Versuch.

Hinweise

- Die Abgrenzungstheorien laufen mit den Auffassungen zum Strafgrund des Versuchs weitgehend parallel, vgl. STREITSTAND Nr. 37.

- Ein weiteres Abgrenzungsmodell ist die Sphärentheorie: Zu prüfen sei, ob der Täter bereits in den Rechtskreis des Opfers eingedrungen ist und nach seiner Vorstellung der Erfolg in enger räumlicher und zeitlicher Nähe eintreten soll. Ähnliche Argumentationslinien werden teilweise auch zur Konkretisierung der Zwischenaktstheorie vorgeschlagen.

- In der **Klausur** geht es zumeist nicht darum die verschiedenen Theorien aufzuzeigen, sondern auf Basis der Kombinationsformel des BGH eine saubere Subsumtion zu zeigen.

- Der **Versuchsbeginn** kann auch im Rahmen des subjektiven Tatbestands der **Vollendungsprüfung** relevant werden, nämlich wenn es auf den Vorsatzzeitpunkt ankommt, namentlich wenn der „Täter" seinen Vorsatz zwischenzeitlich aufgegeben hat. Anerkannt ist, dass der Vorsatz zum Zeitpunkt der Tatbegehung (§ 8 StGB) vorliegen muss, jedoch nicht während der gesamten Tatausführung. Ausreichend ist vielmehr Vorsatz im Zeitpunkt des Versuchsbeginns.

Vertiefungsfundstelle

Kühl Strafrecht AT § 15 Rn 38 ff.

Unmittelbares Ansetzen beim zeitlich gestreckten Versuch mit Opferbeteiligung

Wenn nach dem Täterplan erst **das Opfer selbst** die rechtsgutsverletzende Handlung vornehmen soll (Stichwort: *Fallenstellen*), ergibt sich die umstrittene Frage nach

 **Streitstand** ⇨ **dem Versuchsbeginn bei abgeschlossenem Täterhandeln.**

Eine **Extremmeinung** stellt darauf ab, wann – nach der Vorstellung des Täters – das Opfer in den **Wirkungskreis des Tatmittels** gelangen soll. Auf der anderen Seite wird vertreten, der Versuch beginne bereits mit **Abschluss der aus Tätersicht nötigen Handlungen.**

a) Differenzierende Entlassungstheorie

Teilweise wird differenziert: Solange der Täter das **Geschehen beherrsche**, komme es darauf an, wann nach seiner Vorstellung keine wesentlichen Zwischenschritte mehr erforderlich sind. **Ansonsten** beginne der Versuch, wenn der Täter den weiteren Geschehensablauf bewusst aus der Hand gibt.

Argumente:

- Der beendete Versuch entspricht einer **mittelbaren Täterschaft** und folgt daher deren Regeln.

- Die Differenzierung der **Rechtsprechung widerspricht § 22 StGB**, weil sie den Versuchsbeginn nicht nach objektiven Kriterien auf der Grundlage der Tätervorstellung bestimmt.

b) Differenzierende Vorhersehbarkeitstheorie

Die Rechtsprechung hält nach abgeschlossenem Täterhandeln den Versuchsbeginn ohne konkrete Opfergefährdung für möglich, sofern der Erfolg **zeitnah** eintreten soll. Sei das **Erscheinen** des Opfers aus Tätersicht hingegen **ungewiss**, komme es auf eine **Verdichtung der Gefahr** für das Opfer an.

Argument:

- Das Kriterium der Gefahrverdichtung kann bei Fallenstellungen **ausnahmsweise** herangezogen werden, weil es der Verneinung des Versuchs dient, solange das Opfer trotz Abschluss des Täterverhaltens nach dessen Vorstellung noch nicht unmittelbar gefährdet war. Damit wird § 22 StGB **teleologisch reduziert**.

Aus §§ 13 und 22 StGB folgt, dass der Versuch des unechten Unterlassungsdelikts mit dem unmittelbaren Ansetzen zum Unterlassen der Erfolgsabwendung beginnt. Dabei bleibt **sprachlich unklar**, wie zum Unterlassen angesetzt werden kann. Deshalb ist umstritten,

 ⇨ **wann von einem „unmittelbaren Ansetzen zum Unterlassen" gesprochen werden kann.**

a) Theorie der letzten Rettungsmöglichkeit

Selten wird vertreten, der Versuch beginne erst, wenn der Täter die nach seiner Vorstellung **letzte** Rettungsmöglichkeit verstreichen lasse.

Argument:

- Mehr als die **rechtzeitige Abwendung** des Erfolges verlangt die Rechtsordnung nicht. **Wann** der Garant die erfolgsabwendende Handlung vornimmt, ist **ihm überlassen** (Stichwort: *„Ende gut, kein Versuch")*.

b) Theorie der ersten Rettungsmöglichkeit

Selten wird vertreten, der Versuch beginne mit dem Verstreichenlassen der **ersten** Rettungsmöglichkeit.

Argument:

- Im Interesse **optimalen Rechtsgüterschutzes** darf der Garant keine Gelegenheit ungenutzt lassen, um das Rechtsgut zu retten.

c) Allgemeine vermittelnde Theorie

Überwiegend wird subjektiv auf ein „jetzt wird es ernst" aus Garantensicht abgestellt. Der Versuch beginne, wenn objektiv Rettungsmaßnahmen unterbleiben, **obwohl** nach der Vorstellung des Garanten ein Schaden für das gefährdete Rechtsgut unmittelbar bevorsteht.

Argumente:

- Der Garant muss **Rechtsgüter schützen**. Lässt er Rettungschancen ungenutzt, obwohl eine Verzögerung aus seiner Sicht gefahrerhöhend wirkt, ist dies versuchsbegründend (Stichwort: *Rechtsgüterschutz*).

- **Jede** Gefahrerhöhung oder -intensivierung bewirkt **ohne weitere Zwischenakte** die Gefahr der Tatbestandsverwirklichung.

Versuchsbeginn
bei Mittäterschaft

Handeln Mehrere gemeinsam, kann bereits jeder Einzelne den Straftatbestand vollständig in eigener Person verwirklicht haben, § 25 I, Fall 1 StGB. Dennoch gilt nur § 25 II StGB (Stichwort: *lex specialis*). Das ist zum Beispiel Grundlage der umstrittenen Frage,

 ⇨ **wann das Versuchsstadium bei Mittäterschaft beginnt.**

a) Einzellösung

Teilweise wird das unmittelbare Ansetzen für **jeden Mittäter gesondert** nach allgemeinen Regeln bestimmt.

Argumente:

- Bevor ein Beteiligter nicht selbst unmittelbar zur Tat angesetzt hat, fehlt ihm die Tatherrschaft (Stichwort: *Tatherrschaftsargument*).

- § 22 StGB muss auf **jeden Mittäter angewandt** werden, will man nicht den Bereich der Strafbarkeit überdehnen (Stichwort: *Art. 103 II GG*).

b) Gesamtlösung

Ganz überwiegend wird für richtig gehalten, dass der Versuch für **alle** Beteiligten beginne, **wenn auch nur einer** eine zum Gesamtplan gehörende Handlung vornimmt und damit nach der Vorstellung aller ins Ausführungsstadium eintritt (Stichwort: *„einer für alle"*).

Argumente:

- Die **Zurechnung nach § 25 II StGB** erstreckt sich auf jede Handlung der Mittäter innerhalb des gemeinsamen Tatentschlusses.

- Mittäter begehen **eine gemeinsame Tat**, deren Versuch und Vollendung sich einheitlich vollzieht (Stichwort: *einheitlicher Tatvollzug*).

Hinweis

Ob der Versuchsbeginn bei Mittäterschaft objektiv vorliegen muss oder ob die bloße Vorstellung eines vermeintlichen Mittäters genügt (Stichwort: *vermeintliche Mittäterschaft*), ist umstritten. Siehe dazu STREITSTAND Nr. 44.

Vertiefungsfundstelle

MüKo/Joecks StGB § 25 Rn 267 ff.

<table>
<tr><td>**45**</td><td style="text-align:center">**Untauglicher Versuch
bei vermeintlicher Mittäterschaft**</td><td style="text-align:center">F
§ 22
Rn 23</td></tr>
</table>

Innerhalb der Gesamtlösung ist wiederum umstritten,

 **Streitstand** ⇨ **ob das Handeln eines scheinbaren Mittäters dem anderen, der darin ein unmittelbares Ansetzen zur Tatbestandsverwirklichung sieht, als Versuchsbeginn zugerechnet werden kann.**

Bsp.: ***Münzhändlerfall:*** *Z überredete A, den Münzhändler M zu überfallen. Er spiegelte ihm vor, M sei damit einverstanden; der Scheinraub solle M einen Versicherungsbetrug ermöglichen. M war in Wirklichkeit nicht einverstanden und meldete den Schaden ordnungsgemäß der Versicherung. Versuchter (untauglicher) mittäterschaftlicher Betrug durch A?*

a) Ablehnende Theorie

Überwiegend wird vertreten, dass eine Zurechnung von Tatbeiträgen bei bloß vermeintlicher Mittäterschaft **ausscheide**.

Argumente:

- Mangels gemeinsamen Tatentschlusses **fehlt jede Zurechnungsgrundlage** (Stichwort: ***kein gemeinsamer Tatentschluss***).

- Ohne Eintritt auch nur eines Mittäters in das Versuchsstadium ist **schlechterdings nichts geschehen** – ein unmittelbares Ansetzen iSv § 22 StGB existiert allein in der Vorstellung des vermeintlichen Mittäters. **Bloße Einbildungen** sind aber kein strafbarer Versuch (Stichwort: ***reine Fiktionen***).

b) Theorie der vermeintlichen Mittäterschaft

Der 4. Strafsenat des BGH hat den Münzhändler-Fall anders entschieden, und einen mittäterschaftlichen Versuch des Betruges angenommen.

Argumente:

- Nach § 22 StGB kommt es nur auf die **Vorstellung** des Täters von seiner Tat an. Deshalb kann **auch bloß vermeintliche Mittäterschaft** zur Zurechnung von Tatbeiträgen nach § 25 II StGB führen (Stichwort: ***subjektive Theorie***).

- Dass eine reale Gefahr für ein Rechtsgut nicht bestand, ist irrelevant, denn **bei jedem untauglichen Versuch fehlt es an einer realen Rechtsgutsgefahr** (Stichwort: ***Vergleich mit untauglichem Versuch***).

Hinweise

- Mittäterschaft wird auch dann zweifelhaft, wenn sich die Tat des einen Mittäters infolge eines **error in persona** versehentlich **gegen** den anderen Mittäter richtet.

  Bsp.: Zwei Mittäter fliehen. Sie hatten Schusswaffengebrauch während der Flucht verabredet. Aufgrund der schlechten Sicht verwechselt der eine Mittäter den Verfolger und schießt auf seinen Mittäter.

  Ein **gemeinsamer Tatentschluss** liegt vor. Der error in persona ist **grundsätzlich** unbeachtlich.

  – Die Rechtsprechung **verurteilt auch den Verletzten** wegen eines versuchten Mordes (zum eigenen Nachteil). Die gemeinschaftliche Begehung iS funktionaler Mitherrschaft liege vor, denn der Verletzte hätte durch Zuruf den Schuss auf sich verhindern können.

  – Dies wird teilweise bestritten. Es liege ein „**fahrlässiger Exzess**" vor, der Komplize sei kein Verfolger. Es fehle jede Handlungsmacht des Opfers. Es sei daher nicht als Mittäter zu bestrafen, sondern wegen einer Verabredung zum Mord nach §§ 211, 30 II StGB.

- **Nicht zurechenbar** nach § 25 II StGB sind subjektive Tatbestandsmerkmale, insbesondere deliktsspezifische Absichten. Sie müssen bei jedem Mittäter vorliegen. Zur Behandlung der Mittäterschaft bei eigenhändigen Delikten, Sonder- und Pflichtdelikten siehe Hinweise zu STREITSTAND Nr. 65.

Vertiefungsfundstelle

Roxin AT II § 29 Rn 310 ff.

Schwierigkeiten bei der Festlegung des Zeitpunkts des Versuchsbeginns entstehen außerdem immer dann, wenn neben Täter und Opfer weitere Personen beteiligt sind. Der Versuch des mittelbaren Täters beginnt jedenfalls, wenn der **Tatmittler selbst** bereits unmittelbar zur Tatbestandsverwirklichung ansetzt. Im Übrigen ist umstritten,

 **Streitstand** ⇨   **welcher Zeitpunkt das unmittelbare Ansetzen bei in mittelbarer Täterschaft begangenen Taten kennzeichnet.**

a) Einzellösung (Einwirkungstheorie)

Teilweise wird auf den **Hintermann** abgestellt: Der Versuch beginne, wenn der mittelbare Täter unmittelbar zur Einwirkung auf sein Werkzeug ansetzt.

Argumente:

- Die Tathandlung des mittelbaren Täters liegt im **Einwirken** auf den Tatmittler (Stichwort: *Tathandlung*). Nur sie ist daher **Anknüpfungspunkt** für den Beginn der Strafbarkeit. Mittelbare Täterschaft begründet – anders als § 25 II StGB – keine Zurechnung von Tatbeiträgen.

- Bei mittelbarer Täterschaft ist die **Qualität des Werkzeugs** grundsätzlich **irrelevant**. Sie spielt deshalb auch für den Versuchsbeginn keine Rolle (Stichwort: *Einzellösung*).

- Auch bei der **versuchten Anstiftung** begründet der Beginn der Einflussnahme die Strafbarkeit des Tatveranlassers (Stichwort: *Vergleich zu Anstiftung*).

- Diese Lösung dient dem **effektiven Opferschutz**, da der mittelbare Täter bereits zu einem frühen Zeitpunkt in das Versuchsstadium eintritt.

b) Gesamtlösung

Teilweise wird vertreten, der Versuch in mittelbarer Täterschaft beginne **erst** mit dem unmittelbaren **Ansetzen des Werkzeugs**.

Argumente:

- Mittelbarer Täter und Tatmittler sind als Einheit zu betrachten (Stichwort: *Gesamthandlung*). Auf den Hintermann allein kann nicht abgestellt werden, da § 25 I, Fall 2 StGB gerade die Begehung **durch einen anderen** beschreibt (Stichwort: *normative Einheit*).

- Das Werkzeug bei mittelbarer Täterschaft ist ein **Mensch, kein Automat**. Auf sein Handeln kann abgestellt werden; es wirkt nicht nur zu Lasten des mittelbaren Täters, sondern – beim Nichthandeln – auch zu seinen Gunsten.

c) Modifizierte Einzellösungen (Gefährdung / Zwischenakte)

Teilweise – im Ansatz auch von der Rechtsprechung –

- wird vertreten, der Versuch beginne, sofern der Hintermann den Tatmittler aus seinem Einwirkungsbereich entlassen habe (Stichwort: *Entlassungstheorie, Gefährdungsgedanke*).
- werden auch die **allgemeinen Grundsätze** der Zwischenaktstheorie angewandt: Es komme darauf an, wann nach der Vorstellung des mittelbaren Täters ohne weitere Zwischenakte das Geschehen unmittelbar in Tatbestandshandlungen einmündet (Stichwort: *Zwischenaktstheorie*).

Argumente:

- Die allgemeinen zu § 22 StGB entwickelten Grundsätze passen auch auf den Versuch in mittelbarer Täterschaft (Stichwort: *einheitliche Rechtsanwendung*). Sie werden den gesetzlichen Vorgaben am besten gerecht (Stichwort: *Gesetzesnähe*).
- Der Versuch in mittelbarer Täterschaft **ähnelt den „Fallen-Fällen"** (siehe STREITSTAND Nr. 42). Hier wie dort trifft der Gedanke zu, dass das Rechtsgut unmittelbar gefährdet ist, sofern der Täter die weitere Kontrolle des Geschehensablaufs aus der Hand gibt (Stichwort: *Gefährdungsgedanke*).

Hinweis

Aufgegeben ist die frühere **Unterscheidung nach der Gut- und Bösgläubigkeit** des Werkzeugs, weil es auf die Vorstellung des Täters ankommen muss.

Vertiefungsfundstellen

Hillenkamp/Cornelius Problem Nr. 15; *Kühl* Strafrecht AT § 20 Rn 90 ff.

Der Versuch ist dann **nicht strafbar**, wenn der Täter freiwillig die weitere Ausführung der Tat aufgibt oder deren Vollendung verhindert (§ 24 I 1 StGB). Wird die Tat ohne Zutun des Zurücktretenden nicht vollendet, so wird er straflos, wenn er sich freiwillig und ernsthaft bemüht, die Vollendung zu verhindern (§ 24 II StGB). Nach Feststellung der grundsätzlichen Strafbarkeit des Versuchs, der Erfüllung des Tatbestands sowie der Rechtswidrigkeit und der schuldhaften Begehung der Tat, ist mithin die Frage des **Rücktritts des Täters vom Versuch zu prüfen.** Der **Grund** für die Straflosigkeit beim Rücktritt vom Versuch ist dabei umstritten: Ein **kriminalpolitischer Ansatz** will dem Täter eine „goldene Brücke" zurück in die Legalität bauen. Die **Gnadentheorie** sieht die Straffreiheit als Belohnung des Täters für seine Umkehrleistung. Überwiegend wird betont, der Rücktritt lasse das Strafbedürfnis entfallen, weil kein Grund für Prävention mehr bestehe (Stichwort: *Strafzwecktheorie*). Bei allem spielt der **Opferschutz** eine erhebliche Rolle.

Aus Wortlaut und systematischer Stellung von § 24 StGB ergibt sich, dass ein Rücktritt bei **vollendeten** Delikten grundsätzlich **ausgeschlossen** ist. Dennoch wird diskutiert, ob

 **Streitstand** ⇨

ein strafbefreiender Rücktritt möglich ist, wenn der Täter den Abbruch der weiteren Tatausführung für ausreichend hält, der Erfolg aber dennoch eintritt.

a) Lehre vom fehlenden Vollendungsvorsatz

Teilweise wird vertreten, ein vollendetes Delikt sei rücktrittsgeeignet, wenn dem Täter das Bewusstsein von der Erfolgseignung seiner Handlung fehle (Stichwort: *Irrtum über Verhaltenswirkung*).

Argument:

- Da dem Täter die Erfolgseignung seines Handelns unbekannt ist, **fehlt ihm der erforderliche Vollendungsvorsatz.** Der Erfolgseintritt kann ihm deshalb nicht als vorsätzliche Tat zugerechnet werden.

- Nach § 24 I 1 StGB kann der Täter vom unbeendeten Versuch durch Aufgeben der Tat strafbefreiend zurücktreten. Das Risiko der Erfolgsabwendung trägt er nur beim beendeten Versuch (Stichwort: *keine Risikotragung*).

b) Zurechnungslösung

Überwiegend wird ein strafbefreiender Rücktritt vom Versuch **abgelehnt**, wenn das Delikt vollendet wurde.

Argumente:

- Aus §§ 8, 16 I 1 StGB ergibt sich, dass Vollendungsvorsatz keine Voraussetzung der Strafbarkeit wegen vollendeten Delikts ist. Vorsatz muss vielmehr nur den Zeitraum des Versuchsbeginns zwingend umfassen (Stichwort: *§§ 8, 16 StGB, Vorsatzzeitpunkt*).

- Mit Erreichen des Versuchsstadiums liefert der Täter sich und das Opfer Zufälligkeiten aus, die nie vollständig erkennbar oder beherrschbar sind. Er **trägt deshalb immer das Vollendungsrisiko.** § 24 StGB gilt überhaupt erst, wenn feststeht, dass es beim Versuch geblieben ist.

Hinweise

- Den Rücktritt trotz Vollendung erlaubt auch § 24 II 2 Fall 2 StGB **nicht.** Er kommt danach nur in Betracht, wenn die Tat dem Zurücktretenden ohnehin mangels kausalen Tatbeitrags nicht zugerechnet werden kann.

- Auch beim **Rücktritt vom unbeendeten Unterlassungsversuch** (s. STREITSTAND Nr. 53) ist umstritten, wer das Erfolgsabwendungsrisiko trägt.

  *Bsp. (**Rabenmutterfall**): M gibt ihrem Kind mit bedingtem Tötungsvorsatz nichts zu essen. Als sie mit der Nahrungszufuhr wieder beginnt, glaubt sie, es noch am Leben halten zu können. Das Kind stirbt jedoch.*

  – Teilweise wird ein strafbefreiender Rücktritt durch Aufgabe der Tat nach § 24 I 1, Fall 1 StGB befürwortet. Beim unbeendeten Unterlassungsdelikt trage der Garant kein Erfolgsabwendungsrisiko.

  – Überwiegend wird bereits die Differenzierung zwischen unbeendetem und beendetem Versuch beim unechten Unterlassungsdelikt für verfehlt gehalten. Der Unterlassende stehe dem Täter eines beendeten Versuchs gleich. Erforderlich seien Verhinderungsleistungen, § 24 I 1, Fall 2 StGB. Außerdem sei ein Rücktritt trotz Erfolgseintritts erst recht bei Unterlassungstätern ausgeschlossen: Ein Vollendungsvorsatz habe bei Unterlassungsdelikten keine Parallele. Vielmehr entwickle sich die Gefahr des Erfolgseintritts von selbst weiter.

Vertiefungsfundstellen

LK-*Lilie/Albrecht* § 24 Rn 50 ff.; *Roxin* AT II § 30 Rn 115 ff., 136 ff.

48   Existenz der Kategorie   F
des fehlgeschlagenen Versuchs   § 24
Rn 6

Von einem fehlgeschlagenen Versuch kann der Täter nicht strafbefreiend zurücktreten. Umstritten ist hingegen die Vorfrage, nämlich

 Streitstand ⇨   **ob die Rechtsfigur des fehlgeschlagenen Versuchs überhaupt gesetzeskonform ist.**

a) Überflüssigkeitstheorie

Teilweise wird die Kategorie des „fehlgeschlagenen Versuchs" für **überflüssig** bzw. **gesetzeswidrig** gehalten.

 *Argumente:*

- Die Rücktrittsvoraussetzungen hat der Gesetzgeber in § 24 StGB **abschließend** geregelt. Ihre Anwendung führt bereits zu sachgerechten Ergebnissen (Stichwort: *§ 24 genügt*).

- Zusätzliche Voraussetzungen zum Nachteil des Täters sind **contra legem** und verstoßen gegen **Art. 103 II GG**.

b) Lehre vom Fehlschlag

Rechtsprechung und überwiegendes Schrifttum erkennen den fehlgeschlagenen Versuch als **eigenständige Fallgruppe** an. Ein Rücktritt vom fehlgeschlagenen Versuch scheide aus. Ein Fehlschlag liege vor, wenn der Täter erkennt oder irrig **annimmt**, die Vollendung seiner geplanten Tat sei aus **tatsächlichen** Gründen unmöglich.

Argumente:

- § 24 StGB **setzt voraus**, dass der Täter davon ausgeht, die Weiterführung der Tat sei noch möglich oder der Erfolg könne noch eintreten. Denn ein Delikt, das der Täter nicht vollenden kann, kann er auch nicht „aufgeben" oder „verhindern" (Stichwort: *Wortsinn § 24*).

- Auch nach der **ratio legis** von § 24 StGB muss ein Rücktritt ausscheiden, wenn der Versuch aus Tätersicht **bereits gescheitert** war.

Hinweise

- Erkennt der Täter vor Vollendung der Tat, dass diese **rechtlich unmöglich** geworden ist, ist umstritten, ob ein Fehlschlag vorliegt.

Bsp.: Das „Vergewaltigungsopfer" spiegelt dem Täter vor, „wie gerufen" zu kommen, da es schon lange keinen Geschlechtsverkehr mehr gehabt habe.

Der Täter handelte infolge Irreführung durch das Opfer ohne Vergewaltigungsvorsatz. Davor lag aber ein Versuch vor.

- Nach der Rechtsprechung bleibt Raum für § 24 StGB. Anders als bei tatsächlicher Unmöglichkeit habe der Täter hier die **Wahl**, die Tat weiter auszuführen oder sie aufzugeben. Das erklärte scheinbare Einverständnis hindere den Täter nicht, sein Handlungsziel weiter zu verfolgen. Auch aus kriminalpolitischen Gründen (Stichwort: *Opferschutz*) sei dem Täter die Rücktrittsmöglichkeit offen zu halten.

- Die von der hL vertretene Gegenauffassung nimmt einen **Fehlschlag** an; der Fall sei **tatsächlicher Unmöglichkeit gleichzustellen**. Es komme nicht darauf an, ob die Tathandlung noch möglich sei (hier: Beischlaf), sondern ob der **Tatbestand** noch verwirklicht werden könne (hier: Vergewaltigung). Dies sei aber bei tatsächlicher wie rechtlicher Unmöglichkeit gleichermaßen ausgeschlossen.

- Überwiegend als Fehlschlag bewertet werden heute auch Fälle mit **enttäuschter Beuteerwartung**, wenn das Vorgefundene für den Täter unbrauchbar ist *(Bsp.: Der Täter will eine Digitalkamera stehlen, findet aber nur eine analoge.).* Kein Fehlschlag liegt hingegen vor, wenn der Dieb sich allgemein bereichern will und nur in der Kasse nicht den erhofften Betrag vorfindet. Hier ergeben sich im Einzelfall schwierige Abgrenzungsfragen. In der Klausur geht es dann darum, alle Indizien des Sachverhalts an Sinn und Zweck des Rücktrittsprivilegs orientiert abzuwägen.

- Zu Fällen, in denen der Tatplan sinnlos wird (Stichwort: *„Wegfall der Geschäftsgrundlage"*) siehe STREITSTAND Nr. 49.

- Der **Unterschied zwischen Fehlschlag und untauglichem Versuch** liegt in der Perspektive: Beim Fehlschlag kommt es auf die Einschätzung des Täters an, während der untaugliche Versuch aus objektiven Gründen nicht zum Erfolg führen kann.

Vertiefungsfundstelle

Roxin AT II § 30 Rn 77 ff.

Die Tatvollendung ist **sinnlos** geworden, wenn der Täter sein **außertatbestandliches Ziel** erreicht hat.

*Bsp.: A will B einen „**Denkzettel**" verpassen und sticht dazu mit bedingtem Tötungsvorsatz auf ihn ein. Der Stich verletzt den B – für A klar erkennbar – nicht lebensgefährlich. Auf weitere Stiche verzichtet A, weil er sich damit zufriedengibt, dem B einen „Denkzettel" verpasst zu haben.*

Streitstand **Umstritten ist die Rücktrittsmöglichkeit vom Versuch nach Erreichung des außertatbestandlichen Handlungsziels.**

a) Rücktrittsversagungslösungen

Im Schrifttum wird eine Rücktrittsmöglichkeit überwiegend **abgelehnt**, wenn der Täter sein außerdeliktisches Ziel erreicht hat (Anknüpfung: Annahme eines Fehlschlags oder Ablehnung der Aufgabe der Tat oder deren Freiwilligkeit).

Argumente:

- Die Aufgabe der Tat ist sinnlos und damit **unmöglich** geworden (Stichwort: *sinnlos = unmöglich*). Dem Täter fehlt daher eine rücktrittstypische **Gegenmotivation zur Nichtvollendung**.

- Die Durchführung der ursprünglich geplanten Tat setzt einen **neuen Tatentschluss** voraus (Stichwort: *Vorsatzverbrauch*).

b) Rücktrittslösung

Der **Große Senat** für Strafsachen hat trotz außerdeliktischer Zielerreichung einen Rücktritt vom Versuch für möglich gehalten.

Argumente:

- Die in § 24 StGB angesprochene „Tat" meint den **gesetzlichen Straftatbestand** (Stichwort: *Wortlaut*).

- Im Interesse des **Opferschutzes** muss ein Rücktritt auch möglich bleiben, wenn die weitere Tatverwirklichung rational sinnlos ist, denn eine **akute Opfergefährdung** kann auch in dieser Situation nicht ausgeschlossen werden.

Vertiefungsfundstelle

Beckemper JA 2003, 203

50 Abgrenzung zwischen unbeendetem und beendetem mehraktigem Versuch

Sowohl für die Frage des Fehlschlags als auch bei der Abgrenzung zwischen unbeendetem und beendetem Versuch kommt es – wie beim Versuch generell – auf das Vorstellungsbild des Täters an. Es stellt sich dabei die umstrittene Frage, wie der

 ⇨ **unbeendete vom beendeten Versuch bei mehraktigem Versuchsgeschehen abzugrenzen ist.**

a) Einzelaktstheorie

Teilweise wird ein beendeter Versuch bereits angenommen, wenn der Täter **eine** subjektiv erfolgsgeeignete Handlung vorgenommen hat und deren Scheitern erkennt. **Jeder Teilakt sei getrennt zu betrachten.**

Argumente:

- Ein rechtserschütternder Eindruck tritt bereits **endgültig** durch den ersten aus Tätersicht vollendungstauglichen Einzelakt ein (Stichwort: *Rechtserschütterung*).

- Er kann nicht durch bloßes Unterlassen **weiterer selbständiger Taten** beseitigt werden (Stichwort: *neue Tat*).

b) Gesamtbetrachtungslehre

Rechtsprechung und überwiegendes Schrifttum stellen auf die **letzte Ausführungshandlung des Gesamtgeschehens** ab: Es komme darauf an, ob aus Tätersicht weitere Akte möglich sind, die mit dem bisherigen Versuchsgeschehen einen einheitlichen Gesamtvorgang bilden (Stichwort: *Gesamtgeschehen = Summe aller Teilakte*).

Argumente:

- Nur die Gesamtbetrachtungslehre vermeidet es, ein tatsächlich einheitliches Geschehen rechtlich auseinander zu reißen (Stichwort: *Einheitlichkeit*).

- Die Einzelaktstheorie beschränkt sachwidrig Rücktrittsmöglichkeiten zu Lasten des Opfers (Stichworte: *Opferschutz, Rücktrittsfreundlichkeit, Rücktritt als „goldene Brücke zurück ins Recht"*).

- Ein Täter, der im Rahmen eines im Zusammenhang zu sehenden Geschehens seine Tat aufgibt, erkennt nachträglich die Normgeltung an und **hebt** so den **rechtserschütternden Eindruck** seines Handelns **auf.**

85

Hinweise

- Für den dafür maßgeblichen Zeitpunkt zur Beurteilung des Fehlschlags im Rahmen der Gesamtbetrachtung wurde früher die **Tatplantheorie** vertreten. Danach sollten die Vorstellungen des Täters **bei Tatbeginn** maßgeblich sein. Heute ist weitgehend **anerkannt**, dass der **Rücktrittshorizont** des Täters allein entscheidet: Die Tatplantheorie privilegierte sachwidrig den rücksichtsloseren Täter, der vorsorglich mehrere Ausführungsakte eingeplant hatte. Sein Versuch war erst nach Erschöpfung aller Planvarianten fehlgeschlagen oder beendet.

- Überwiegend wird eine **Korrektur des Rücktrittshorizonts** zu Gunsten und zu Lasten des Täters für möglich gehalten, sofern sich nach der Tätervorstellung die fortbestehende Tatsituation **ohne zeitliche Zäsur verändert**.

  Bsp. (**Ich-lebe-noch-Fall**):

  Die Täterin glaubte, ihren Vater durch Messerstiche tödlich verletzt zu haben. Sie sagte: „Jetzt bist Du erledigt", und hielt den Versuch damit für beendet. Als er ihr entgegnete: „Ich lebe noch und rufe die Polizei!", erkannte die Täterin, das Opfer noch nicht tödlich verletzt zu haben. Der Versuch wurde in diesem Moment zum unbeendeten.

- Macht sich der Täter nach der letzten Ausführungshandlung **keine Vorstellungen** über die Folgen seines Tuns,

  - liegt nach der **Rechtsprechung** ein **beendeter Versuch** vor. Sie unterstellt in diesem Fall, dass der Täter sowohl damit rechnet, dass der Erfolg eintritt als auch, dass er ausbleibt. Bereits die Möglichkeitsvorstellung des Täters vom Erfolgseintritt führe zum Erfordernis von Verhinderungsleistungen zur Erlangung der Straffreiheit. Dafür spreche der Gedanke des Opferschutzes.

  - Die **Gegenauffassung** weist darauf hin, dass ohne konkrete Vorstellung über die Folgen seines Tuns der Täter auch nicht die Möglichkeit des Erfolgseintritts vor Augen habe. Vielmehr soll danach differenziert werden, wie der Täter hätte handeln müssen (Stichwort: *Handlungshypothese*), wenn er sich Gedanken gemacht hätte.

Vertiefungsfundstellen

Hillenkamp/Cornelius Problem Nr. 18; *Otto* Jura 1992, 423; *Roxin* AT II § 30 Rn 163 ff.

Aufgabe der Tat durch zeitliches Verschieben

Der Rücktritt vom unbeendeten Versuch erfolgt durch bloße Aufgabe der weiteren Ausführung der Tat. Anerkannt ist, dass es nicht genügt, bloß vorübergehend innezuhalten, so dass die bisherigen Tatbeiträge später noch erfolgswirksam bleiben. Darüber hinaus ist jedoch umstritten,

Streitstand 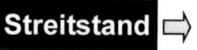 wie das Merkmal der „Aufgabe der Tat" weiter zu präzisieren ist.

a) Theorie der endgültigen Gesamtaufgabe

Teilweise wird vertreten, der Täter müsse von seinem **gesamten Tatplan endgültig Abstand nehmen** (Stichwort: *abstrakte Betrachtungsweise*).

Argument:

- Als nicht **strafwürdig** und ungefährlich (Stichwort: *ratio legis*) erweist sich nur, wer seine Tat nicht nur auf einen günstigeren Zeitpunkt verschiebt, sondern sie endgültig aufgibt.

b) Theorie der konkreten Einzelaufgabe

Von Rechtsprechung und Teilen des Schrifttums wird vertreten, der Täter müsse nur die **konkrete Form der Tatausführung** aufgeben. Der Vorbehalt der weiteren Tatausführung sei nur dann rücktrittsschädlich, wenn die Fortsetzung mit dem bisherigen Versuch **eine natürliche Handlung** bildet (Stichwort: *natürliche Handlungseinheit*).

Argumente:

- § 24 I StGB bezieht sich nur auf die konkrete Tat und verlangt kein endgültiges Abstandnehmen (Stichwort: *Wortlaut § 24 I*).

- Die weitere Ausführung der Tat durch eine **neue Handlung** kann ab Erreichen der Versuchsgrenze **selbständig** strafbar sein; der Rücktritt von der früheren Tat ist davon unabhängig.

- Das Opfer wird auch durch die Aufgabe der konkreten Tat „hier und jetzt" geschont (Stichwort: *Opferschutz*).

c) Vermittelnde Lösung

Als vermittelnde Lösung zwischen den beiden dargestellten Positionen wird im Schrifttum häufig darauf abgestellt, ob der Täter von jedem Angriff Abstand genommen hat, der das bisherige Geschehen als **einheitlichen Lebensvorgang** fortsetzen würde.

Argumente:

- Die **Rechtsprechung ist zu großzügig**, wenn sie nur die Fortsetzung der Tat innerhalb einer natürlichen Handlungseinheit für rücktrittsschädlich hält.

- Behalte sich der Täter einen äquivalenten Angriff innerhalb eines gewissen **räumlich-zeitlichen Zusammenhangs** zum bisherigen Versuchsgeschehen vor, habe er von seiner Tat nicht hinreichend Abstand genommen.

Hinweise

- Teilweise werden auch „offen" kriminalpolitische Abgrenzungen vorgenommen und die **Wertungsfrage** gestellt, ob der Täter sich als ungefährlich erwiesen habe. Dies sei nicht der Fall, wenn die Verschiebung der Tat der „**Verbrechervernunft**" entsprach. Das Rücktrittsprivileg komme nur dem Täter zu, der durch Abkehr von der Verbrechervernunft seine Rückkehr in die Legalität dokumentiert habe.

- Die Rechtsprechung versteht den Tatbegriff des § 24 I 1, Fall 1 StGB materiell-rechtlich. Danach können innerhalb einer prozessualen Tat auch einzelne Tatbestandsverwirklichungen isoliert aufgegeben werden.

- Zum **Teilrücktritt** siehe STREITSTAND Nr. 55.

Vertiefungsfundstelle

Hillenkamp/Cornelius Problem Nr. 17

Zur Verhinderung der Vollendung der Tat iSv § 24 I 1, Fall 2 StGB muss der Täter anerkanntermaßen nicht eigenhändig tätig werden, sondern kann sich auch der **Hilfe Dritter** bedienen. Ebenso anerkannt ist, dass bloße Passivität nicht genügt. Im Übrigen ist umstritten,

Streitstand ⇨ **welchen Qualitätsanforderungen die eigene „Verhinderung" der Tat genügen muss.**

a) Bestleistungstheorie

Teilweise wird vertreten, der Täter müsse **alles in seiner Macht Stehende** tun, um das Ausbleiben des Erfolgs abzusichern (Stichwort: *optimales Rettungsbemühen*).

Argument:

- Auch beim untauglichen Versuch muss sich der Täter nach **§ 24 I 2 StGB** „ernsthaft" um Rettung bemühen. Beim tatsächlich gefährlichen Versuch können **keine geringeren Anforderungen** gelten.

b) Mitursächlichkeitstheorie / Chancenerhöhungstheorie

Überwiegend – auch vom BGH – wird **jede Mitursächlichkeit** für die Vollendungsverhinderung für ausreichend gehalten. Subjektiv müsse die gewählte Rettungsmöglichkeit geeignet gewesen sein, die Vollendung zu verhindern.

Argumente:

- Das Merkmal der „Ernstlichkeit" aus § 24 I 2 StGB in § 24 I 1 StGB hineinzulesen, ist eine **verbotene Analogie** zu Lasten des Täters (Stichwort: *Art. 103 II GG*).

- Zum **Opferschutz** ausreichend ist, wenn der Täter eine zur Rettung führende Kausalkette in Gang setzt (Stichwort: *„Ende gut, alles gut"*).

Hinweis

§ 24 I 2 StGB erfordert „**Ernsthaftigkeit**". Der Täter muss Maßnahmen ergreifen, die aus seiner Sicht zur Rettung des Opfers ausreichen. Die für erforderlich gehaltenen Maßnahmen muss der Täter objektiv erschöpfen.

Vertiefungsfundstelle

Roxin AT II § 30 Rn 218 ff.

Beim unechten Unterlassungsdelikt ist umstritten,

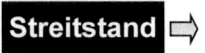 **Streitstand** ⇨   **welche Anforderungen an das Rücktrittsverhalten zu stellen sind.**

Hinweis: Die Frage wird insbesondere beim untauglichen beendeten Versuch relevant.

a) Differenzierungstheorie

Teilweise wird auch beim unechten Unterlassungsdelikt zwischen dem Rücktritt vom unbeendeten und beendeten Versuch **differenziert**. Insbesondere beim untauglichen Unterlassungsversuch genüge daher auch, dass der Täter sich um die Verhinderung des Erfolgs bemüht, § 24 I 2 StGB.

Argument:

- Eine **Schlechterstellung** des Unterlassungstäters gegenüber dem Begehungstäter beim untauglichen Versuch ist **nicht gerechtfertigt**.

b) Einheitstheorie

Die Rechtsprechung hält einen unbeendeten Versuch beim unechten Unterlassungsdelikt für ausgeschlossen. Der Täter müsse daher **immer den Erfolg verhindern**, § 24 I 1 Fall 2 StGB.

Argumente:

- Erst wenn der Täter den Eintritt des tatbestandsmäßigen Erfolges für möglich hält und sich mit ihm abfindet – mithin **nur in Beendigungsfällen** – liegt überhaupt tatbestandsmäßiges Unterlassungsunrecht vor.

- Wie beim beendeten Versuch der **Begehungstat** ist nach der Tätervorstellung das geschützte Rechtsgut beim Unterlassungsversuch immer unmittelbar gefährdet, so dass Rettungsmaßnahmen nötig sind.

Hinweis

Das ernsthafte Bemühen iSv § 24 I 2 StGB verlangt auch vom Unterlassungstäter **subjektiv optimale Verhinderungsbemühungen**.

Nach § 24 I 1 Fall 1 StGB muss der Täter freiwillig handeln, wenn er die weitere Ausführung der Tat aufgibt. Umstritten ist,

Streitstand    **nach welchem Maßstab die Freiwilligkeit bestimmt werden soll.**

a) Normative Theorien

Teilweise wird darauf abgestellt, ob sich der Täter **als ungefährlich erwiesen** habe. Dies sei der Fall, wenn er aus Gründen der Reue, der Selbstbestimmung, des Mitleids, **nicht aber der Verbrechervernunft** gehandelt habe.

Argument:

- Der Rücktritt ist nur möglich, wenn der **Strafzweck** des Versuchs nicht erfüllt ist. Dabei kommt es auf die **ethische Qualität** des Rücktrittsmotivs an.

b) Psychologisierende Theorien

Schrifttum und Rechtsprechung bejahen Freiwilligkeit, wenn der Täter in freier **Selbstbestimmung** aus **autonomen Motiven**, also selbst gesetzten Gründen, von der Tat ablässt. Das ist bei heteronomen Motiven nicht der Fall.

Argumente:

- Das **Rücktrittsmotiv** ist für die Frage der Freiwilligkeit **unerheblich**, solange der Täter den **Gegenentschluss selbst** fasst.
- Der Bestimmtheitsgrundsatz, **Art. 103 II GG**, verbietet die Normativierung des Freiwilligkeitsbegriffs.

Hinweis

Heteronome Gründe liegen vor, wenn der Täter aufgrund nachträglicher Risikoerhöhung die weitere Durchführung der Tat für unvertretbar hält oder emotionaler Druck ihn zur Umkehr zwingt.

Umstritten ist,

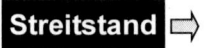 ⇨ ob ein Teilrücktritt – insbesondere von einer Qualifikation – möglich ist.

Bsp.: T wirft die zunächst beim Raub mitgeführte Schusswaffe freiwillig weg.

a) Lehre vom Teilrücktritt

Im Schrifttum wird überwiegend ein Teilrücktritt für **möglich** gehalten.

Argumente:

- Das Absehen von der Verwirklichung der Qualifikation bewirkt eine **erhebliche Unrechtsreduzierung**, die im Interesse des **Opferschutzes** rücktrittsfähig sein muss.

- **Wertungsmäßig** handelt es sich bei Grunddelikt und Qualifikation um **zwei** Taten iSv § 24 I 1 Fall 1 StGB (Stichwort: *materielles Trennungsprinzip*).

b) Ablehnende Theorie

Die Rechtsprechung **lehnt** die Möglichkeit eines Rücktritts von der Qualifikation **ab**.

Argument:

- Nach § 24 I 1 Fall 1 StGB muss der Täter die Ausführung der gesamten Tat aufgeben (Stichwort: *Wortlaut*).

Hinweis

Anerkannt ist, dass ein Rücktritt vom Versuch keine Auswirkungen auf bereits vollendete Straftatbestände hat (Stichwort: *qualifizierter Versuch*). Umstritten ist hingegen, ob dies auch für den Sonderfall des Rücktritts vom versuchten Verletzungsdelikt mit Blick auf vollendete Gefährdungsdelikte gleicher Schutzrichtung gilt.

- Teilweise wird vertreten, die Strafbarkeit entfalle, weil die Gefährdung bloße Vorbereitung zum Versuch des Verletzungsdelikts war.

- Die Rechtsprechung bestraft aus vollendetem Gefährdungsdelikt.

Vertiefungsfundstelle

Kühl Strafrecht AT § 16 Rn. 48

Beim erfolgsqualifizierten Versuch stellt sich die umstrittene Frage, ob trotz

Streitstand  Eintritts der schweren Folge ein Rücktritt vom Versuch des Gesamtdelikts möglich bleibt.

Bsp.: *T beraubt O. Ein Schlag mit einem Baseballschläger soll ihn betäuben. Jedoch verstirbt O daraufhin. T lässt die Beute freiwillig liegen.*

a) Vollendungstheorie

Teilweise wird vertreten, ein Rücktritt vom erfolgsqualifizierten Versuch sei **ausgeschlossen**.

Argumente:

- Mit Eintritt der schweren Folge hat sich die tatbestandsspezifische **Gefahr verwirklicht**. Materiell ist das Delikt daher **vollendet** (Stichwort: *wesentliche Unrechtsverwirklichung*).

- Die Rücktrittsmöglichkeit trotz Eintritts der schweren Folge würde dem **Schutzzweck** der erfolgsqualifizierten Strafnorm zuwiderlaufen.

- Ein „Rücktritt" **kann wegen der schweren Folge kein Unrecht beseitigen**; der Anknüpfungspunkt für die Versuchsstrafbarkeit entfällt nicht.

b) Rücktrittstheorie

Rechtsprechung und überwiegendes Schrifttum halten einen Rücktritt trotz Eintritts der schweren Folge für möglich.

Argumente:

- § 24 StGB gilt für **Vorsatzdelikte**, bezieht sich also auf das Grunddelikt.

- Der Rücktritt vom Versuch des Grunddelikts bleibt nach § 24 StGB möglich. Er entzieht der Strafbarkeit wegen der Erfolgsqualifikation insgesamt den Boden, weil Grunddelikt und schwere Folge eine Einheit bilden (Stichwort: *„grunddeliktische Versuchsakzessorietät"*).

- **Art. 103 II GG** verbietet es, den erfolgsqualifizierten Versuch zum Nachteil des Täters als Vollendungstat zu behandeln (Stichwort: *Gesetzlichkeitsprinzip*).

Vertiefungsfundstelle

Sch/Sch/*Eser*/*Bosch* § 24 Rn 26

§ 30 II StGB will **konspirative Willensbildungen** verhindern: Von ihnen geht eine stärkere Rechtsgutgefährdung aus als von Einzelentschlüssen, die leichter aufgegeben werden können. Anerkannt ist, dass die „Annahme des Erbietens" **vom Annehmenden ernst gemeint** sein muss, und dass andernfalls der Vorsatz fehlt. Umstritten ist hingegen,

 **Streitstand** ⇨ **ob auch bereits das Erbieten selbst ernstlich gemeint gewesen sein muss.**

a) Einseitige Ernstlichkeitstheorie

Die Rechtsprechung vertritt die Auffassung, dass ein ernsthaftes Erbieten für die Strafbarkeit des Annehmenden **nicht erforderlich** sei.

Argument:

- Auch der untaugliche Versuch ist strafbar, obwohl von ihm keine Rechtsgutgefährdung ausgeht. So kommt es bei § 30 StGB **nicht auf eine reale Konspiration** an (Stichwort: *Vergleich untauglicher Versuch*).

b) Zweiseitige Ernstlichkeitstheorie

Teilweise wird vertreten, **auch das Erbieten selbst** müsse von Ernsthaftigkeit geprägt sein.

Argumente:

- Die Annahme eines nicht ernstlichen Erbietens ist völlig ungefährlich und nicht strafwürdig (Stichwort: *kein Strafbedürfnis*).
- Ohne reale Konspiration ist die **weite Vorverlagerung der Strafbarkeit** durch § 30 I StGB deshalb auch nicht zu rechtfertigen.

Hinweise

- Wer die Annahme des Schein-Erbietens nur deshalb nicht nach § 30 II StGB bestrafen will, weil kein annahmefähiges **strafbares** Sich-Erbieten vorliege, behandelt sie als versuchte Anstiftung nach § 30 I StGB.
- Die gleiche Diskussion ergibt die Frage, ob eine Verabredung iSv § 30 II Fall 3 StGB vorliegt, wenn eine Person nur zum Schein mitwirkt.

Vertiefungsfundstelle

LK-*Kühl* § 30 Rn 6 mwN

Unterlassen und Fahrlässigkeit

Nicht nur aktives Tun kann strafbar sein. § 13 StGB eröffnet – neben den sog. echten Unterlassungsdelikten im StGB – den Weg zu einer Strafbarkeit auch des sog. **unechten Unterlassungsdelikts**. Dabei sind wichtige Prüfungspunkte in der Klausur in der Regel die Abgrenzung zwischen Tun und Unterlassen, die bereits bei der Prüfung des Begehungsdelikts vorzunehmen ist, sowie die Fragen der Quasi-Kausalität und des Eingreifens von Garantenpflichten.

Gem. 15 StGB ist grundsätzlich nur vorsätzliches Handeln strafbar, es sei denn, das Gesetz sieht ausnahmsweise ausdrücklich eine **Fahrlässigkeitsstrafbarkeit** vor. Der Prüfungsaufbau des Fahrlässigkeitsdelikts unterscheidet sich dabei im Tatbestand deutlich von der Prüfung des Vorsatzdelikts: Anstelle des Zweischritts „objektiver Tatbestand" – „subjektiver Tatbestand" sind bei einer möglichen Fahrlässigkeitsstrafbarkeit (1) die Handlung, (2) der Eintritt des tatbestandsmäßigen Erfolges, (3) Kausalität zwischen diesen, (4) die Sorgfaltswidrigkeit des Verhaltens – mithin die Überschreitung des erlaubten Risikos und die objektive Voraussehbarkeit des Erfolges –, (5) der Rechtswidrigkeitszusammenhang und (6) das Eingreifen des Schutzzwecks der verletzten Sorgfaltsnorm zu prüfen. Darüber hinaus sind im Rahmen der Schuld zusätzlich die Frage der individuellen Sorgfaltswidrigkeit sowie der Zumutbarkeit normgerechten Verhaltens zu berücksichtigen.

Im Einzelnen finden Sie hier folgende Streitstände:

Abgrenzung von
Tun und Unterlassen

Umstritten ist,

Streitstand  **wie aktives Tun und Unterlassen voneinander abgegrenzt werden.**

a) Empirisch-naturalistische Abgrenzungsmethoden

Teilweise wird nach **empirischen** Kriterien, insbesondere dem **Energieaufwand** des Täters, abgegrenzt: Wer Energie in eine bestimmte Richtung aufwende, tue etwas, während ein Unterlassen vorliege, wenn es am Energieaufwand fehle.

Argument:

- Die rein äußerliche Betrachtung schafft **Rechtssicherheit**. Wertungen sind unbestimmt und irrational. Sie orientieren sich meist an einem gewünschten Ergebnis und nehmen damit die Schuldfrage vorweg.

b) Normative Abgrenzungsmethoden

Überwiegend – auch von der Rspr – wird die Abgrenzung in Zweifelsfällen **als Wertungsfrage** verstanden. Es sei darauf abzustellen, wo nach dem sozialen Sinn des Geschehens dessen Schwerpunkt lag (Stichwort: *Schwerpunkt*).

Argument:

- Die Abgrenzung von Tun und Unterlassen ist gerade dann erforderlich, wenn der Täter **sowohl** Energie einsetzt **als auch** sie einzusetzen unterlässt. Sie kann nur durch Wertung erreicht werden.

Hinweise

- Die Rechtsprechung hat etwa **aktives Tun** angenommen beim nächtlichen Fahren ohne Licht und Überholen ohne ausreichenden Sicherheitsabstand.

- Der **Abbruch von Rettungshandlungen** ist Unterlassen der Rettung, solange der Täter nicht bereits alles Erforderliche zur Rettung getan hat oder seine Maßnahmen das Opfer noch nicht erreicht haben; positives Tun ist anzunehmen, sofern für das Opfer bereits eine **gesicherte Rettungsmöglichkeit** bestand (Stichwort: *Unterlassen durch Tun*).

- Zur Frage der Abgrenzung von Tun und Unterlassen beim **Behandlungsabbruch durch einen Arzt** siehe zur Vertiefung die Entscheidung des BGH in Sachen „Putz".

Auch beim Unterlassungsdelikt muss ein Kausalzusammenhang zwischen dem Unterlassen und dem Eintritt des tatbestandsmäßigen Erfolgs vorliegen. Umstritten ist dabei,

 **Streitstand** ⇨   **wie dieser Kausalzusammenhang zu bestimmen ist.**

a) Quasi-Kausalität nach der conditio sine qua non-Formel

Die überwiegende Auffassung zieht zur Prüfung der (Quasi-)Kausalität auch beim Unterlassen die conditio sine qua non-Formel heran. Hiernach ist ein Unterlassen dann kausal für einen Erfolg, wenn die rechtlich erwartete Handlung nicht hinzugedacht werden kann, ohne dass der tatbestandsmäßige Erfolg mit an Sicherheit grenzender Wahrscheinlichkeit entfiele.

Argumente:

- Es gibt keinen sachlichen Grund, in Fällen des Unterlassens zur Bestimmung der Kausalität andere **Maßstäbe** anzulegen als **beim aktiven Tun**.

- **Unklarheiten** müssen sich zu Gunsten des Täters auswirken (Stichwort: *in dubio pro reo*).

b) Risikoverminderungslehre

Ein Teil der Literatur geht hingegen davon aus, dass es für die Zurechnung beim Unterlassen ausreiche, wenn festgestellt werden könne, dass das pflichtgemäße Verhalten die **Chancen des Rechtsguts erhöht** hätte.

Argument:

- Aus Gründen des **Opferschutzes** dürfen Unklarheiten nicht insgesamt zum Ausschluss der Strafbarkeit führen. Allein, wenn unklar ist, ob der Rettungsverlauf das Opfer überhaupt erreicht hätte, wirkt sich dies zu Gunsten des Täters aus.

Vertiefungsfundstelle

Kühl Strafrecht AT § 18 Rn 35 ff.

<table>
<tr><td>**60**</td><td>**Garantenpflichten
aus Ingerenz**</td><td>F
§ 13
Rn 7 ff.</td></tr>
</table>

Nach Maßgabe des § 13 StGB kann aus einem unechten Unterlassungsdelikt nur bestraft werden, wer als **Garant** für die Abwendung des Erfolgs einzustehen hat. Garantenpflichten können zum einen nach ihren **Entstehungsgründen** *(Beispiele: Gesetz, einverständliche Übernahme, Ingerenz, enge Lebensgemeinschaft)*, zum anderen nach spezifischen **Schutzfunktionen** eingeteilt werden: **Beschützergaranten** *(Bsp.: Eltern gegenüber ihren Kindern, Ehepartner untereinander: jeweils Garantenpflicht kraft natürlicher Verbundenheit)* und **Überwachergaranten** (sollen alle Rechtsgüter vor Gefahren aus einer Quelle schützen). Umstritten ist

 **Streitstand** ⇨ **die Überwachungsgarantenstellung aus vorangegangenem gefährdendem Tun (Ingerenz).**

Bsp.: O wurde von A durch einen Verkehrsunfall – den O allein verschuldet hatte – schwer verletzt, was A erkannte. Dennoch fuhr A davon.

a) Reine Verursachungstheorie

Teilweise wird vertreten, eine Garantenpflicht entstehe durch **jede** zurechenbare und kausale Verursachung einer Gefahr für den abzuwendenden Erfolg. Das Vorverhalten müsse **nicht pflichtwidrig** gewesen sein.

Argumente:

- Die **Verantwortungsübernahme** besteht sowohl für rechtswidrig als auch für rechtmäßig geschaffene Gefahrenquellen, weil die **sachliche Gefahr jeweils dieselbe** ist.

- Auch wer rechtmäßig Gefahren schafft – etwa in Notwehr – ist später zu **Schutzmaßnahmen** verpflichtet: Das ist kein Widerspruch zum Notwehrrecht, sondern konsequente Ergänzung der Erforderlichkeits- und Gebotenheitsgrenzen der Verteidigung (Stichwort: *„nachgeschaltete" Notwehrgrenze*).

b) Pflichtwidrigkeitstheorie

Ganz überwiegend wird vertreten, dass **nur** vorangegangenes **pflichtwidriges** gefährdendes Vorverhalten eine Garantenpflicht begründen kann.

Argumente:

- Verantwortung ist ein **normativer** Begriff. Sie entsteht nicht allein durch Kausalzusammenhänge, sondern nur für die pflichtwidrige Schaffung von Gefahren (Stichwort: *normatives Verantwortungsprinzip*).

- Die reine Verantwortungstheorie dehnt den Bereich strafrechtlicher Verantwortung sachwidrig und wertfrei – gewissermaßen blind – aus (Stichwort: *sachwidrige Kriminalisierung*).

- Die Rechtsordnung geriete in Widersprüche, wenn sie ein Vorverhalten ausdrücklich erlaubt *(Bsp.: als Notwehr)*, gleichzeitig aber daran eine Beschützergarantenpflicht anknüpft (Stichwort: *Widerspruchsfreiheit*).

c) Anti-Ingerenztheorie

Vereinzelt wird eine Garantenstellung aus Ingerenz **abgelehnt**.

Argument:

- Ein generelles strafrechtliches Verantwortungszurechnungsprinzip verstößt – selbst bei pflichtwidrigem Vorverhalten – gegen das **Gesetzlichkeitsprinzip** (Stichworte: *Art. 103 II GG, 7 I EMRK*).

Hinweise

- Umstritten ist die Garantenstellung aus Ingerenz auch, wenn der Täter die abzuwendende Gefahr zuvor **vorsätzlich herbeigeführt** hatte.

  Bsp.: A sticht B bedingt vorsätzlich nieder. Um nicht als Täter erwischt zu werden, lässt A den schwer verletzten B liegen. B verstirbt, weil spätere Hilfe nicht mehr rechtzeitig war. §§ 211, 13 StGB?

  Die Rspr lehnt eine Garantenstellung ab: Wer einen Erfolg vorsätzlich herbeiführt, sei nicht zugleich verpflichtet, ihn abzuwenden. Das wird im Schrifttum häufig bestritten. Dennoch liegt kein Verdeckungsmord vor: keine „andere" Straftat bei „durchlaufendem" Tötungsvorsatz.

- Keine Überwachungsgaranten sind **Ehegatten im Verhältnis zueinander**; aus Art. 6 GG, § 1353 BGB folgt keine Pflicht zur Verhinderung von Straftaten des anderen Ehegatten. Das gleiche gilt für Eltern gegenüber volljährigen Kindern. Erwachsene sind für sich selbst verantwortlich.

- Umstritten ist, ob die Beschützergarantenstellung von Ehepartnern mit dem **Getrenntleben** entfällt. Dafür spricht, dass durch Zerrüttung der Ehe das Vertrauensverhältnis zerstört ist, das Grundlage der Garantenpflicht ist. Dagegen wird auf § 1353 I 2 BGB hingewiesen.

- Das **bloße tatsächliche Zusammenwohnen** in häuslicher Gemeinschaft begründet keine Beschützergarantenstellung, andernfalls wäre der Kreis der Pflichtigen nicht mehr hinreichend bestimmbar.

Vertiefungsfundstellen

Hillenkamp/Cornelius Problem Nr. 29; *Kühl* Strafrecht AT §18 Rn 13 ff.

Polizeibeamte haben nach den Landespolizeigesetzen öffentliche Rechtsgüter zu schützen (Stichwort: *öffentliche Sicherheit*). Umstritten ist hingegen,

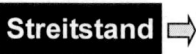 **Streitstand** ⇨ **ob Polizisten deshalb strafrechtlich Beschützergarant für Individualrechtsgüter sind.**

a) Beschützergarantentheorie

Überwiegend – auch von der Rechtsprechung – werden Polizisten grundsätzlich als **Beschützergarant für Individualrechtsgüter** angesehen.

Argumente:

- Die Befugnis zur **Gefahrenabwehr** besteht auch zum Schutz von Individualrechtsgütern, insbesondere vor Straftaten. Das Entschließungsermessen ist bei konkreten Gefahren auf Null reduziert (Stichwort: *Schutznormtheorie*).

- Der Staat **schuldet** seinen Bürgern Schutz der Grund- und Freiheitsrechte. Das staatliche Gewaltmonopol geht mit einem **Nachrang individueller Notwehr-** und Notstandsrechte einher (Stichwort: *Kehrseite Gewaltmonopol*). Die erweiterten Eingriffsbefugnisse der Polizei begründen die berechtigte Erwartung auf gesteigerte Hilfspflichten (Stichwort: *Vertrauen*).

b) Ablehnende Theorie

Teilweise wird eine Garantenstellung von Polizisten **abgelehnt**.

Argument:

- Die **Notwehr- und Notstandsrechte** des Einzelnen zeigen, dass **jeder prinzipiell selbst** für den Schutz seiner Rechtsgüter verantwortlich ist.

Hinweis

Innerhalb der Beschützergarantentheorie wird unterschieden, ob der Polizeibeamte von der Gefahrenlage **während der Dienstzeit** oder **privat** erfahren hat. Im Grundsatz besteht die Garantenstellung für Rechtsgüter Dritter nur während der Dienstausübung (Grund: *Schutz der Privatsphäre des Polizeibeamten*). Außerdienstliche Kenntniserlangung genügt aber bei fortwirkenden Gefahren aus Dauerdelikten oder Wiederholungstaten. Bei besonders schweren Straftaten muss hingegen immer abgewogen werden. Generell kommt es für die Garantenstellung von Amtsträgern **auf deren Aufgabenbereich** an.

Der erforderliche Kausalzusammenhang ist nur ein erster Filter. Er funktioniert nur **reichlich grob** und muss deshalb durch normative Zurechnungskriterien ergänzt werden. Diese werden in der Fahrlässigkeitsprüfung im Rahmen des Prüfungspunktes „Rechtswidrigkeitszusammenhang" und „Schutzzweck der Norm" berücksichtigt. Umstritten ist der Rechtswidrigkeitszusammenhang,

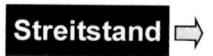 ⇨

> **wenn eine rechtlich missbilligte Gefahr geschaffen wurde, jedoch ungeklärt bleibt, ob der eingetretene Erfolg auch bei pflichtgemäßem Verhalten eingetreten wäre.**

Bsp.: Ein alkoholisierter Radfahrer wird von einem überholenden Lkw erfasst und getötet. Der seitliche Sicherheitsabstand war zu gering. Jedoch bleibt unaufklärbar, ob dessen Einhaltung den Unfall vermieden hätte.

a) Vermeidbarkeitstheorie

Überwiegend, insbesondere von der Rechtsprechung, wird eine Erfolgszurechnung dann verneint, wenn der Erfolg auch bei **rechtmäßigem Alternativverhalten** eingetreten wäre. Insbesondere kann keine Zurechnung erfolgen, wenn nicht ausgeschlossen werden kann, dass der Erfolg auch bei sorgfältigem Verhalten eingetreten wäre.

Argumente:

- Der Grundsatz „**in dubio pro reo**" gilt auch im Bereich der objektiven Zurechnung. Der Pflichtwidrigkeitszusammenhang muss daher als **haftungsbegründende Voraussetzung erwiesen** sein.

- Die Risikoerhöhungslehre wandelt Verletzungsdelikte in bloße **Gefährdungsdelikte** um. Das ist eine **verbotene Analogie** zu Lasten des Täters.

- Hypothetische Verläufe sind nur im Bereich der Kausalität grundsätzlich unbedeutend, nicht aber im normativen Bereich der Zurechenbarkeit.

b) Risikoerhöhungslehre

In der Literatur wird vertreten, bereits die **Überschreitung des erlaubten Risikos** rechtfertige die objektive Zurechnung eines Erfolgs. Der Zurechnungszusammenhang entfällt daher nur, wenn der Eintritt des Erfolges auch bei sorgfältigen Verhalten sicher festgestellt werden kann.

- Rechtmäßiges Alternativverhalten kommt dem Täter nur zugute, wenn es **mit an Sicherheit grenzender Wahrscheinlichkeit** zum selben Erfolg geführt hätte. Zweifel gehen zu Lasten des Täters, weil er bereits **das erlaubte Risiko überschritten hat.**

- Die Risikoerhöhungslehre verletzt nicht den Grundsatz **in dubio pro reo**, weil die unerlaubte Gefahrerhöhung **sicher** festgestellt werden muss.

- Sie verzichtet auch nicht auf den Eintritt des tatbestandsmäßigen Erfolgs, so dass eine **Umqualifizierung** von Verletzungs- in Gefährdungsdelikte **nicht** stattfindet.

Hinweis

Im Bereich der unechten **Unterlassungsdelikte** sieht sich die dortige „Risikoverminderungslehre" dem weiteren Einwand ausgesetzt, dass sie auf **Kausalität** zwischen Unterlassen und Erfolg **völlig verzichte:** Der tatbestandliche Erfolg würde zur objektiven Bedingung der Strafbarkeit umfunktioniert (s. dazu ausführlicher STREITSTAND Nr. 59).

Vertiefungsfundstelle

Hillenkamp/Cornelius Problem Nr. 31 (zum fahrlässigen Handeln)

63 Fahrlässigkeitshaftung trotz vorsätzlichen und schuldhaften Dritthandelns

Zur Gruppe „echter" Drittverantwortung gehören die so genannten Regressfälle.

Bsp.: Der Jäger J lässt sein Gewehr unbeaufsichtigt liegen, so dass T es ergreifen kann und damit O erschießt. § 222 StGB durch J?

Nach der Lehre vom **Regress<u>verbot</u>** ist die unvorsätzliche Mitwirkung an vorsätzlichen Delikten straflos. Dadurch sollte insbesondere die Haftung fahrlässig Beteiligter begrenzt werden. Die frühere Begründung, die Vorsatztat des unmittelbar Ausführenden unterbreche den Kausalzusammenhang einer Fahrlässigkeitstat, trifft indes nicht zu, denn nach der geltenden Äquivalenztheorie sind alle Bedingungen des Erfolgs gleichwertig (siehe Hinweise zu STREITSTAND Nr. 2). Umstritten ist,

 **ob der vorsätzlich bewirkte Unrechtserfolg demjenigen zurechenbar ist, der die Vorsatztat durch Fahrlässigkeit ermöglicht hat.**

a) Zurechnungslösung

Überwiegend wird dies nach **allgemeinen Regeln** bejaht, sofern der Vorsatztäter an das Vorgeschehen anknüpft und sein Dazwischentreten nicht völlig außerhalb jeder Lebenserfahrung liegt.

Argumente:

- Es gibt **kein allgemeines Vertrauen** auf rechtstreues Verhalten Dritter, insbesondere nicht, wenn die verletzte Sorgfaltspflicht gerade die Verwirklichung der eingetretenen Gefahr verhindern wollte (Stichworte: *Schutzzweck, Vertrauensgrenzen*).

- Über die allgemeinen Voraussetzungen der Vorhersehbarkeit hinausgehende Einschränkungen sind kriminalpolitisch nicht veranlasst, da **Strafbarkeitslücken** drohen (Stichwort: *Durchsetzung Sorgfaltsnormen*).

b) Unterbrechungslehre

Teilweise werden Vorsatztaten Fahrlässigkeitstätern generell **nicht** zugerechnet.

Argument:

- Die Vorsatztat und damit der Taterfolg waren für den Ersthandelnden **nicht beherrschbar**. Deshalb fehlt der Zurechnungszusammenhang (Stichwort: *Beherrschbarkeitsmangel*).

c) Lehre der abzugrenzenden Verantwortungsbereiche

Teilweise wird die Vorsatztat **nur** zugerechnet, **wenn**

- die Ersthandlung **offensichtlich** der Durchführung der Straftat dient oder

- der Ersthandelnde als **Garant** für die Vermeidung des ausgelösten Dritthandelns haftet.

Argument:

- Die eigene Handlungsfreiheit erlaubt jedem grundsätzlich, auf die Rechtstreue Dritter zu vertrauen. Das Vertrauen ist nur bei **Rechtsmissbrauch** nicht schutzwürdig.

Hinweis

Der **Risikozusammenhang fehlt** auch in folgenden Fällen:

- Bei **völlig atypischen Schadensfolgen** und Geschehensabläufen völlig außerhalb jeder Lebenserfahrung (Stichwort: *atypischer Kausalverlauf*).

  Bsp.: Der Bluter verblutet infolge leichter Körperverletzung (str.).

- Bei Verwirklichung eines **völlig anderen Risikos** als das der geschaffenen Gefahr.

  Bsp.: Unfall des Krankenwagens.

- Im Falle **eigenverantwortlicher Selbstgefährdung** durch das Opfer, wobei der Maßstab zur Ermittlung des Eigenverantwortlichkeit des Handelns umstritten ist (§§ 19, 20, 35 StGB, § 3 JGG vs. Regeln der Einwilligung). Ein besonderer Streitfall ist an dieser Stelle der des quasi-mittelbaren Täters der eigenen tatbestandslosen Selbsttötung.

Vertiefungsfundstellen

Hillenkamp/Cornelius Problem Nr. 32

Die Figur der Unzumutbarkeit normgemäßen Verhaltens (Stichwort: *Leinenfänger-Fall*) ist ein **konstitutives** Element der Fahrlässigkeitsstraftaten. Umstritten ist hingegen,

 ⇨ **auf welcher systematischen Ebene der Deliktsprüfung die Rechtsfolgen der Unzumutbarkeit normgemäßen Verhaltens liegen.**

a) Lehre vom Entschuldigungsgrund

Vielfach wird vertreten, die Unzumutbarkeit normgemäßen Verhaltens sei bei Fahrlässigkeitsdelikten ein **Entschuldigungsgrund**.

Argument:

- Entstehen dem Täter durch Einhaltung der gebotenen und theoretisch individuell möglichen Sorgfalt unzumutbare Nachteile, liegt ein § 35 StGB vergleichbarer Sachverhalt vor (Stichwort: *Ähnlichkeit § 35 StGB*).

b) Lehre vom Tatbestandswegfall

Teilweise wird die objektive Fahrlässigkeit verneint, wenn dem Täter im Einzelfall unzumutbar war, die erforderliche Sorgfalt zu beachten.

Argument:

- Der Tatbestand entfällt mangels rechtlich zu missbilligenden Risikos (Stichwort: *erlaubtes Risiko*).

Hinweise

- Die Unzumutbarkeit bestimmt sich **nach allen Umständen des Einzelfalls**, maßgeblich nach der Schwere der drohenden Rechtsgutverletzung: Je größer die drohende Gefahr, desto mehr eigene Interessen muss der Täter preisgeben. Überwiegend werden außergewöhnliche Umstände verlangt. Heute sind jedoch kaum noch Umstände denkbar, unter denen das normgerechte Verhalten unzumutbar sein dürfte.

- Überholt ist die Auffassung, Unzumutbarkeit normgemäßen Verhaltens auch beim vorsätzlichen Begehungsdelikt als übergesetzlichen Entschuldigungsgrund anzuerkennen:

- **Maßstäbe** der Unzumutbarkeit außerhalb der gesetzlichen Entschuldigungsgründe **fehlen**. Die entstehende **Rechtsunsicherheit** ist nicht hinnehmbar. Anders als bei Unterlassungs- und Fahrlässigkeitsdelikten besteht beim vorsätzlichen Begehungsdelikt **keine Notwendigkeit**, den Umfang von Sorgfalts- und Handlungspflichten sachgerecht zu begrenzen.

- Ein **übergesetzlicher Entschuldigungsgrund** wird beim **vorsätzlichen** Begehungsdelikt deshalb nur in **ganz außergewöhnlichen** Konfliktsituationen zur Rettung von Menschenleben anerkannt, namentlich in Form des sog. **übergesetzlichen Notstands** (Stichworte: *Weichenstellerfall, Bergsteigerfall*).

  • Nach überwiegender Auffassung muss das vom Täter angerichtete Übel bei ethischer Gesamtbewertung im Verhältnis zu dem mit der Tat verhinderten Unheil das wesentlich geringere gewesen sein.

  • Teilweise wird Gleichwertigkeit der Übel für ausreichend gehalten, da der tragende Grund übergesetzlicher Entschuldigung, nämlich seelischer Druck zur Rettung, auch in diesen Situationen vorliege.

  • Ähnlich dürfte es zu verstehen sein, wenn teilweise für ausreichend gehalten wird, dass der Täter in Gewissensnot einen Menschen gerettet hat.

  • Eine im Vordringen befindliche Auffassung **lehnt** eine Entschuldigung **ab**, wenn der Täter – wie im Weichensteller-Fall – **zuvor ungefährdete Rechtsgüter Dritter eigenmächtig aufopfert.** Menschen dürften nicht als Mittel der Rettung anderer eingesetzt werden. Der Täter dürfe nicht Schicksal spielen.

Vertiefungsfundstelle

Kühl Strafrecht AT, § 17 Rn 97

Täterschaft und Teilnahme

§§ 25 – 27 StGB differenzieren zwischen zwei Arten der Beteiligung: Täterschaft und Teilnahme (Stichwort: *dualistisches Beteiligungssystem*). Der Einheitstäterbegriff – wie er etwa der Fahrlässigkeitsstrafbarkeit und dem Recht der Ordnungswidrigkeiten zu Grunde liegt – gilt damit für das deutsche Strafrecht jedenfalls beim Vorsatzdelikt nicht.

Das wird dem Schuldprinzip und dem Gleichheitsgrundsatz, Art. 3 I GG, der auch das Verbot der Gleichbehandlung von wesentlich Ungleichem enthält, gerecht: Der Strafrahmen ist je nach Beteiligungsgrad dreifach abgestuft. Für Täter gilt grundsätzlich der Regelstrafrahmen aus dem Besonderen Teil, für Anstifter besteht nach § 26 StGB eine fakultative Strafmilderung. Bei Gehilfen ist die Strafe nach §§ 27 II, 49 I StGB zwingend zu mildern.

Die Teilnahme an einer Straftat ist auch nicht generell strafbar. Straflos ist zum Beispiel die versuchte Beihilfe. Die versuchte Anstiftung ist nach § 30 I StGB nur bei Verbrechen strafbar. Diese Begrenzungen sind kriminalpolitisch erwünscht.

Im Einzelnen finden Sie hier folgende Streitstände:

<table>
<tr><td>**65**</td><td style="text-align:center">**Abgrenzung von
Täterschaft und Teilnahme**</td><td>F
v § 25
Rn 1 ff.</td></tr>
</table>

Die Ausdifferenzierung der Beteiligungsformen beim vorsätzlichen Begehungsdelikt (drei Formen der Täterschaft, § 25 I Fall 1 und 2, II StGB, stehen zwei Formen der Teilnahme, §§ 26 und 27 StGB, gegenüber) führt zu Abgrenzungsproblemen. Diese bestehen vor allem zwischen mittelbarer Täterschaft und Anstiftung sowie Mittäterschaft und Beihilfe. Umstritten ist aber allgemein,

Streitstand ⇨ **wie Täterschaft und Teilnahme voneinander abzugrenzen sind.**

a) Modifizierte Animus-Theorie

Die Rechtsprechung differenziert primär nach dem **Willen** des Beteiligten. Nach der Grundformel der Animus-Theorie ist Täter, wer mit **Täterwillen** handelt, die Straftat also **als eigene will** (Stichwort: *animus auctoris*). Teilnehmer ist hingegen, wer **Teilnehmerwillen** hat, also die Tat **als fremde will**. Indizien für Täterwillen sind dabei – nach der mittlerweile modifizierten Animus-Theorie – das eigene Interesse am Taterfolg, der Umfang der Tatbeteiligung sowie der Wille zur Tatherrschaft (Stichwort: *subjektive Theorie auf objektivtatbestandlicher Grundlage*).

Argumente:

- Das Gewicht des Tatbeitrags ist zur Abgrenzung von Täterschaft und Teilnahme ungeeignet, da alle Bedingungen des Erfolgs nach der geltenden **Äquivalenztheorie objektiv gleichwertig** sind (Stichwort: *ontologischer Handlungsbegriff*).

- Die Bewertung eines Tatbeitrags muss sich nach seiner sozialen Bedeutung richten, was nur nach Maßgabe des Willens, mit dem er geleistet wurde, möglich ist (Stichwort: *Willensprägung des Verhaltens*).

b) Tatherrschaftslehre

Im Schrifttum ist man ganz überwiegend der Auffassung, Täter sei die **Zentralgestalt** des tatbestandsmäßigen Geschehens (Stichwort: *Schlüsselfigur*). Diese Rolle habe nur, wer **Tatherrschaft** besitze. Tatherrschaft ist dabei nach *Roxin* das „vom Vorsatz umfasste „In-den-Händen-Halten der tatbestandlichen Geschehensabläufe".

Argumente:

- Für Täterschaft ist ein objektives Element konstitutiv, nämlich die **Begehung** der Tat. Begehen heißt **beherrschen** oder mitbeherrschen. Das folgt sowohl aus **§ 25 StGB** als auch den Straftatbeständen (Stichwort: *objektive Begehung*).

- Die Rechtsprechung ist in ihrer Abgrenzung durch verschiedene Gewichtung der Indizien im Einzelfall von einer **Beliebigkeit** geprägt, die mit Blick auf das Bestimmtheitsgebot, Art. 103 II GG, bedenklich erscheint (Stichwort: *Billigkeitsrechtsprechung*)

Hinweise

- Durch die von der Rechtsprechung mittlerweile bei der Bestimmung des Täterwillens genutzten Indizien hat sich die modifizierte Animus-Theorie stark der Tatherrschaftslehre angenähert. Der Unterschied zum Schrifttum liegt mittlerweile hauptsächlich darin, dass Tatherrschaft nicht als Voraussetzung der Täterschaft, sondern als Indiz für einen Täterwillen angesehen wird.

- Tatherrschaft kann nach **Art der Täterschaft** versch. ausgeprägt sein:

  - Der **unmittelbare** Täter, § 25 I Fall 1 StGB, muss **Handlungsherrschaft** haben: Er begeht die Tat eigenhändig selbst.

  - Der **mittelbare** Täter, § 25 I Fall 2 StGB, beherrscht das Geschehen durch Lenkung seines menschlichen Werkzeugs, den Tatmittler. Er hat als Hintermann **Wissens-, Willens- oder Organisationsherrschaft** über den Vordermann.

  - Der **Mittäter**, § 25 II StGB, wirkt arbeitsteilig mit mindestens einem anderen Täter zusammen. Er hat **Mitherrschaft**, die als funktionale Tatherrschaft bezeichnet wird.

- Bei **eigenhändigen Delikten** wie Meineid kommen Mittäterschaft und mittelbare Täterschaft nicht in Betracht. Täter kann nur sein, wer unmittelbar selbst handelt. Täter von **Sonderdelikten** wie Rechtsbeugung, § 339 StGB, kann nur sein, wer die Täterqualifikation selbst hat.

- Bei **Pflichtdelikten** wird teilweise vom Erfordernis der Tatherrschaft abgesehen. Es trete hinter die Sonderpflichtverletzung zurück.

Vertiefungsfundstelle

Hillenkamp/Cornelius Problem Nr. 19

Unterlassender Garant neben Aktivbeteiligtem

Schreitet *zum Beispiel der Vater nicht ein, wenn ein Nachbar seinen Sohn verprügelt*, stellt sich die umstrittene Frage,

 **Streitstand** ⇨ **ob der Garant Unterlassungstäter ist oder Teilnehmer, wenn er den Aktivtäter nicht hindert.**

a) Tätertheorie (Pflichtdeliktstheorie)

Teilweise wird vertreten, der Garant sei neben dem Begehungstäter immer selbst auch **Täter durch Unterlassen**.

Argumente:

* Beim Unterlassungsdelikt ergibt sich bereits **aus der Nichterfüllung der Erfolgsabwendungspflicht** die Unterlassungs**täterschaft**.

* Es kommt nicht darauf an, dass der Unterlassende nur Randperson des Aktivgeschehens ist, weil er **Zentralgestalt des Garantengebotstatbestands** ist (Stichwort: *Differenzierung Aktivgeschehen / Unterlassen*).

b) Gehilfentheorie

Teilweise wird vertreten, der Garant könne an der vorsätzlichen Begehungstat eines anderen nur als **Gehilfe durch Unterlassen** beteiligt sein.

Argument:

* Gegenüber dem Aktivtäter hat der Untätige **notwendig die Rolle der Randfigur** des Geschehens **ohne eigene Tatherrschaft**.

c) Allgemeine Lehren

Teilweise wird nach den beim aktiven Tun maßgeblichen Kriterien abgegrenzt.

Argument:

* Nach **Tatherrschaft** bzw. insbesondere Täterwillen (so die Rechtsprechung) kann auch beim Unterlassen differenziert werden.

d) Unterscheidung nach Art der Garantenpflicht

Teilweise wird **nach der Schutzfunktion** des Garanten unterschieden: Der **Beschützergarant** sei regelmäßig Täter durch Unterlassen, wenn er die Begehungsdelikte Dritter nicht hindert. Der **Überwachergarant** erscheine hingegen regelmäßig nur als Gehilfe.

- Die Einordnung als Täter oder Teilnehmer muss abhängig von der Qualität der Garantenpflicht und damit auch vom **Pflichtenumfang** des Garanten erfolgen.

- **Dagegen** wird jedoch vorgetragen, dass **alle** Garantenpflichten **gleichermaßen** pflichtbegründend wirken.

Vertiefungsfundstelle

Hillenkamp/Cornelius Problem Nr. 20

Mittäterschaft durch Tatbeiträge im Vorbereitungsstadium

F
§ 25
Rn 11 f.

Bei der Abgrenzung von Mittäterschaft und Teilnahme ist besonders umstritten,

 ⇨ **ob die Mitwirkung an der Deliktsverwirklichung einen objektiven Tatbeitrag im Ausführungsstadium verlangt oder ein Tatbeitrag im Vorbereitungsstadium genügt.**

Relevanz: *Der Bandenchef agiert nur im Hintergrund.*

a) Theorie der Ausführungsbeteiligung

Teilweise wird eine Mittäterschaft nur bejaht, wenn die Mitherrschaft als funktionale Tatherrschaft **gerade im Stadium der Ausführungshandlung** bestehe, und sei es durch telefonische Anweisungen.

Argument:

- Die Mitherrschaft muss bei der Tatausführung bestehen, weil Täterschaft Tatbestandsverwirklichung ist (Stichwort: *Tatbestandsbezug*).

b) Weite Lehre der funktionalen Tatherrschaft

Wohl überwiegend werden auch Tatbeiträge, die im Stadium der Vorbereitung einer Straftat geleistet werden, als tauglich zur Begründung funktioneller Tatherrschaft angesehen, sofern es sich um eine **wesentliche Vorbereitungshandlung** handelt.

Argumente:

- Wesentliche Tatbeiträge können im Vorfeld der Tatbestandsverwirklichung durch **Planung und Organisation** erbracht werden (Stichwort: *Gestaltungsherrschaft*).

- Den Beteiligten nicht als Täter zu bestrafen, der das Geschehen lenkt, ohne sich „die Hände schmutzig zu machen", ist **kriminalpolitisch sachwidrig**.

Hinweise

- Die **Rechtsprechung** kann auf dem Boden der subjektiven Theorie unabhängig vom Zeitpunkt des Tatbeitrags Täterschaft annehmen.

- Anerkannt ist, dass weder die **bloße Verabredung** im Vorbereitungsstadium noch die **bloße Anwesenheit** am Tatort für einen mittäterschaftlichen Beitrag genügen.

Anerkannt ist, dass Mittäterschaft kein Zusammenwirken bereits ab Versuchsbeginn voraussetzt. Die spätere einverständliche gemeinsame Begehung ist deshalb jedenfalls **bis** zum Zeitpunkt der Delikts**vollendung** möglich. Anerkannt ist ferner, dass sie **nach** Delikts**beendigung** ausscheidet. Umstritten ist

 **Streitstand** ⇨ **die mittäterschaftliche Beteiligung zwischen Vollendung und Beendigung der Tat.**

a) Beendigungslehre

Rechtsprechung – diese wohlgemerkt auf Basis der modifizierten Animus-Theorie – und Teile im Schrifttum halten die sukzessive Mittäterschaft **bis zur Beendigung** der Tat für denkbar.

Argumente:

- Materiell kann das Unrecht bis zur Beendigung weiter verwirklicht werden (Stichwort: ***Deliktsphase dauert bis zu materieller Beendigung***).

- Das Gesetz bezeichnet mit der formellen Vollendung des Delikts **nur das Mindestmaß des zur vollständigen Tatbestandserfüllung erforderlichen Unrechts** (Stichwort: *formelles Mindestmaß*).

b) Vollendungslehre

Teilweise wird sukzessive Mittäterschaft nach Deliktsvollendung **abgelehnt**.

Argumente:

- Mangels tatbestandsmäßiger Handlung wird der Straftatbestand nach Deliktsvollendung nicht mehr verwirklicht. Jede täterschaftliche Begehung (**Wortlaut § 25 II StGB:** *„gemeinschaftlich begehen")* scheidet in diesem Stadium aus (Stichwort: *keine Tatbegehung*).

- Sonst werden die **Grenzen zu den Anschlussdelikten** verwischt.

- **Kausalität ist Mindestvoraussetzung** für strafrechtliche Zurechnung.

- Die Beendigungslehre verstößt gegen das Analogieverbot, **Art. 103 II GG**.

- Dem Beendigungszeitraum **fehlt die erforderliche Bestimmtheit**, da er nicht tatbestandlich gefasst ist.

- Ein Tatenschluss zur gemeinschaftlichen Begehung einer Tat ist **unmöglich, nachdem sie bereits begangen wurde**.

113

Hinweise

- Bei **Dauerdelikten** *(Bsp.: Freiheitsberaubung)* ist die Tat bereits mit dem Eintritt des **ersten** tatbestandsmäßigen Erfolgs vollendet. Dennoch ist anerkannt, dass eine sukzessive Mittäterschaft möglich ist, solange der inkriminierte Zustand **aufrechterhalten** wird, weil dadurch der Straftatbestand auch weiterhin verwirklicht wird.

- Zur Problematik sukzessiver Beihilfe siehe STREITSTAND Nr. 76.

- Umstritten ist auch, ob dem sukzessiven Mittäter bereits zuvor **eingetretene Tatumstände** oder **abgeschlossene Erschwerungsgründe** zugerechnet werden können.

  Bsp.: B kommt zum Raub hinzu, als die Gewaltanwendung bereits vollständig abgeschlossen war und eine eigene Beteiligung nur noch an der Wegnahme erfolgte.

  – Im Schrifttum wird eine Zurechnung überwiegend **abgelehnt**. Es fehle sowohl am gemeinsamen Tatplan als auch an gemeinsamer Tatausführung. Die nachträgliche Billigung verwandle die Vergangenheit nicht in gemeinsame Planverwirklichung, da sich ein Tatplan immer nur auf Zukünftiges richten könne. Dolus subsequens genüge nicht.

  – In der Rechtsprechung werden auch Erschwerungsgründe grundsätzlich zugerechnet, die beim Hinzutreten des Mittäters bereits abgeschlossen waren. Das **soll aber nicht für tatbestandlich bereits vollständig verwirklichtes Unrecht gelten**, weil insoweit der Hinzutretende keinen Einfluss auf das tatbestandsmäßige Geschehen nehmen konnte. Im Beispielsfall „Raub" trifft dies auf die durch Gewaltanwendung verwirklichte Körperverletzung und Nötigung zu, nicht aber auf den Raub selbst. Allein Kenntnis, Billigung und Ausnutzung der durch einen anderen geschaffenen Lage reicht aber für die Zurechnung nach den Grundsätzen der (sukzessiven) Mittäterschaft auch nach der Rechtsprechung nicht aus.

  Bsp.: Wenn A die Gewaltanwendung durch B beobachtet und billigt kann ihm eine Todesfolge nicht zugerechnet werden, auch wenn er sich zur Teilnahme an weiterer Gewaltanwendung entschließt, sofern für den tatbestandsmäßigen Erfolg schon alles getan war und das eigene Handeln ohne Einfluss auf den späteren Tod des Opfers bleibt.

Vertiefungsfundstelle

BGH, Beschluss vom 9. 6. 2009 – 4 StR 164/09, NStZ 2009, 631

Nach dem Konzept der mittelbaren Täterschaft, § 25 I Fall 2 StGB, ist der als menschliches Werkzeug handelnde Vordermann nicht als Täter der fraglichen Vorsatztat strafbar (*Beispiele: vorsatzlos oder schuldlos handelnde Werkzeuge*). Davon weicht die Figur des „Täters hinter dem Täter" ab. Umstritten ist,

Streitstand  ⇨ **ob die Täterschaftsform des „Täters hinter dem Täter" existiert.**

a) Lehre vom mittelbaren Täter hinter dem Täter

Überwiegend – auch von der Rechtsprechung – wird vertreten, die Strafbarkeit des Vordermanns wegen der jeweiligen Vorsatztat stehe der mittelbaren Täterschaft des Hintermanns nicht entgegen.

Argumente:

- Die Verantwortlichkeit des tatausführenden Vordermanns schließt die **faktische** Herrschaft über ihn nicht aus (Stichwort: *Herrschaft trotz Verantwortlichkeit*).

- Das strenge Verantwortungsprinzip schränkt § 25 I Fall 2 StGB unnötig ein (Stichwort: *kriminalpolitische Erwägungen*), obwohl auch in den Fällen der **Mittäterschaft** und **Nebentäterschaft** Tatherrschaft und Verantwortung geteilt sein können.

b) Ablehnende Lösungen

Teilweise wird die mittelbare Täterschaft hinter dem Täter abgelehnt.

Argumente:

- Das Gesetz sieht die täterschaftliche Beteiligung **mehrerer** an einer Straftat **nur** in § 25 II StGB als Mittäterschaft vor (Stichwort: *arg. e § 25 II StGB*).

- Die Figur des Täters hinter dem Täter **verwässert** das Tatherrschaftskriterium (Stichwort: *Verlust an Rechtssicherheit*), denn die Verantwortlichkeit für die Vorsatztat durch den Vordermann schließt eine Willensherrschaft eines anderen aus (Stichwort: *Verantwortungstrennung*).

Hinweise

- Grundsätzlich sind bei der mittelbaren Täterschaft zu prüfen:

- **Deliktisches Defizit des Vordermanns:** auf vortatbestandlicher Ebene (Stichwort: *Sirius-Fall*), auf Tatbestandsebene (§ 16 I 1 StGB), auf Rechtswidrigkeitsebene (Eingreifen eines Rechtfertigungsgrundes, ETI), auf Schuldebene (fehlende Schuldfähigkeit, § 17 StGB, Stichwort: *Katzenkönig-Fall*), als vollverantwortlich handelnder Täter

- **„Übergewicht" des Hintermannes:** durch normative Tatherrschaft (z.B. durch Amtsträgereigenschaft bei Amtsdelikt), kraft überlegenen Wissens (Irrtumsherrschaft), kraft überlegenen Willens (schuldunfähiges Werkzeug, Nötigungsherrschaft, maßgebliche Entscheidung), kraft Organisationsherrschaft

- Die mittelbare Täterschaft hinter dem **vollverantwortlich handelnden Täter** kommt in folgenden **Fallgruppen** in Betracht:

  - Ausnutzung eines **vermeidbaren Verbotsirrtums** des Vordermanns (Stichwort: *Katzenkönig-Fall*),

  - **Organisationsherrschaft**, insbesondere bei Hintermännern der NS- und SED-Verbrechen sowie bei **mafiaähnlichen Herrschaftsstrukturen** (Stichwort: *Schreibtischtäter*); diskutiert wird mittlerweile auch die Organisationsherrschaft im Bereich des Wirtschaftsstrafrechts;

  - Andere als diese zwei Fallgruppen werden überwiegend **abgelehnt**:

    - Hervorrufen eines *error in persona* beim Vordermann (Stichwort: *Dohna-Fall*). Für mittelbare Täterschaft spricht die *Verwechslungsherrschaft*, dagegen allerdings, dass der *error in persona* den Vorsatz gerade unberührt lässt und deshalb irrelevant ist.

    - Täuschung über den quantitativen Unrechts- und Schuldumfang.

- Umstritten ist, ob **mittelbare Täterschaft durch Unterlassen** denkbar ist.

  - Das wird von der Rspr **bejaht**, etwa wenn der Überwachungsgarant die Tat eines ihm anvertrauten Geisteskranken nicht hindert.

  - Die hL hält die Konstruktion für **überflüssig**: Statt mittelbarer Täterschaft liege einfache Unterlassungstäterschaft vor. Mittelbare Täterschaft eines bloß unterlassenden Garanten scheitere an der Unmöglichkeit, das Handeln des Vordermanns zu beherrschen.

Vertiefungsfundstelle

Hillenkamp/Cornelius Problem Nr. 21 (zur mittelbaren Täterschaft bei vermeidbarem Verbotsirrtum des Tatmittlers)

Die Anstiftungshandlung nach § 26 StGB besteht darin, dass der Anstifter den Haupttäter zu seiner Tat „bestimmt". Umstritten sind

 **Streitstand** ⇨ **die Anforderungen an das Bestimmen iSv § 26 StGB.**

a) Reine Verursachungstheorie

Teilweise wird jedes (Mit-)Hervorrufen des Tatentschlusses für ausreichend gehalten. Das Mittel der Verursachung spiele keine Rolle; bereits sozial inadäquate tatanreizende Sachlagen würden genügen.

Argumente:

- Anstiftung kann **auch versteckt** erfolgen, weil das Anstiftungsunrecht dem Haupttäter nicht erkennbar sein muss (Stichwort: *versteckte Anstiftung*).

- Art und Weise der Anstiftungsbegehung sind unerheblich, weil der eigene Rechtsgutsangriff des Anstifters allein in der vorsätzlichen Hervorrufung des Tatentschlusses liegt – **egal wie.**

b) Theorie vom geistigen / kommunikativen Kontakt

Überwiegend werden als Anstiftungshandlungen nur Willensbeeinflussungen durch **offenen geistigen Kontakt** angesehen (Stichwort: *Kommunikation*). Die bloße Verursachung des Tatenschlusses genüge nicht, insbesondere nicht die Schaffung einer bloß tatanreizenden Situation.

Argumente:

- Der **Wortsinn** des „Bestimmens" verlangt **mehr als bloße Verursachung.**

- Da Anstiftung und Mittäterschaft mit gleicher Strafe bedroht sind, muss der **Unrechtsgehalt** beider Beteiligungsformen **gleichwertig** sein. In Anlehnung an den mittäterschaftlichen gemeinsamen Tatentschluss ist für § 26 StGB kommunikative Beeinflussung zu fordern (Stichwort: *Vergleich Mittäterschaft*).

- Die Anstiftung ist dann besonders gefährlich, wenn der Haupttäter durch Abstandnahme von der Tat in ihn gesetzte **Erwartungen enttäuscht.** Das setzt vorherige Kommunikation voraus (Stichwort: *Konspirationsargument*).

Häufig wird das Bestimmen iSv § 26 StGB als **aufforderndes Einwirken** auf den Willen des Täters verstanden.

- Bloßer geistiger Kontakt reicht noch nicht aus, um dem **Unrechtsgefälle** zur Beihilfe gerecht zu werden. Erst die zielgerichtete Tataufforderung stellt einen eigenen Rechtsgutsangriff des Anstifters dar, der **mittäterschaftlicher Begehung im Unrecht gleichkommt.**

Hinweise

- Teilweise wird die Anstifterhandlung **noch enger** gefasst, um der Gleichstellung von Mittäterschaft und Anstiftung gerecht zu werden:

  - der Haupttäter müsse sich zur Tatbegehung verpflichten (Stichwort: *Lehre vom Unrechtspakt*).
  - der Anstifter müsse **Planherrschaft** haben.

  Jedoch sind diese Restriktionen nur noch lose an den Wortlaut von § 26 StGB anknüpfbar.

- Überwiegend anerkannt ist, dass eine **Anstiftung durch Unterlassen** nicht in Betracht kommt. Das ist jenseits der reinen Verursachungstheorie eindeutig, weil das Unterlassen des Garanten der schlichten Verursachung durch positives Tun entspricht. Eine Ausnahme wird zugelassen, wenn die Garantenpflicht gerade darin besteht, die Anstiftungshandlung eines anderen zu verhindern *(Bsp.: Der Vater verhindert nicht, dass seine minderjährige Tochter ihren Freund zum Diebstahl anstiftet.).*

- **Anstiftung zum Unterlassen** ist hingegen ohne weiteres denkbar.

Vertiefungsfundstelle

Hillenkamp/Cornelius Problem Nr. 23

Eine Anstiftung eines bereits zur konkreten Haupttat Entschlossenen (Stichwort: *omnimodo facturus*, Gegenbegriff: *bloß Tatgeneigter*) gibt es nicht, denn Entschlossene können nicht mehr „bestimmt" werden. Das gilt aber nicht für ganz andere Taten. Umstritten ist,

 **Streitstand** ⇨ **ob die Übersteigerung des Tatentschlusses als Anstiftung strafbar ist.**

a) Qualifikationslösung

Teilweise wird die Übersteigerung des Tatentschlusses als **Anstiftung** bestraft, wenn dadurch die **Verwirklichung einer Qualifikation** veranlasst wurde.

Argument:

- Die Qualifikation eines Grunddelikts stellt ein **gesetzlich fixiertes** Unrechtsplus dar und damit eine **andere** Tat, zu der angestiftet werden kann (Stichwort: *neuer „Qualifikations"-Tatbestand*).

b) Theorie der Unrechtserhöhung

Die Rechtsprechung neigt dazu, **jede Erhöhung im Unrecht** des zur Tat Entschlossenen als Anstiftung zum Tatganzen zu bestrafen. Auf die Verwirklichung eines schweren Straftatbestandes wird dabei weitgehend verzichtet.

Argumente:

- Bereits die Veranlassung anderer Tatmodalitäten **verändert das Tatganze**, zum dem der Haupttäter **noch nicht konkret entschlossen** war (Stichwort: *konkrete Betrachtungsweise*).

- Nach Sinn und Zweck der Anstifterstrafbarkeit kommt es nicht darauf an, ob die neue Tat eine Qualifikation des bestehenden Entschlusses im gesetzesformalen Sinn darstellt, sondern auf eine **materielle Unrechtssteigerung**.

c) Analytisches Trennungsprinzip

Im Schrifttum wohl überwiegend wird die Möglichkeit der „Aufstiftung" **abgelehnt**. Anstiftung liege nur vor, wenn das veranlasste „Mehr" einen **selbständigen Straftatbestand** erfülle. Ansonsten komme nur psychische Beihilfe in Betracht.

- Die Qualifikation eines Grunddelikts ist **keine teilnahmefähige Haupt-tat**.

- Die Unrechtssteigerung ist **kein Hervorrufen eines Tatentschlusses**, sondern eben bloße Steigerung eines vorhandenen Entschlusses und damit psychische Beihilfe.

- Die Trennung von Grundtatbestand und Qualifikation **zerreißt sachwid-rig** ein rechtlich und tatsächlich **einheitliches Geschehen**.

Hinweise

- Die Theorie der Unrechtserhöhung wird in **verschiedenen Abstufungen** vertreten. Teilweise wird Anstiftung nur bejaht, wenn eine „wesentliche" Tatabwandlung veranlasst wird. Dafür werden Anleihen bei der Lehre zu wesentlichen Abweichungen im Kausalverlauf genommen.

- Kommt eine Anstiftung nicht in Betracht, darf eine **psychische Beihilfe** nicht vergessen werden.

- **Anstiftung zu Fahrlässigkeitstaten** gibt es nicht, da es an der **vorsätz-lichen Haupttat** fehlt.

- Bei „Anstiftungen" zu einem **Minus** (Stichwort: *Abstiftung*), also zu einer weniger schweren Tat, ist zu beachten:

  - Da der Entschluss des Haupttäters zur schwereren Tat bereits die leichtere Tat umfasst, scheidet eine Anstiftung aus (Stichwort: *om-nimodo facturus*).

  - Soweit der Haupttäter in seinem Entschluss, jedenfalls die leichtere Tat zu begehen, bestärkt wurde, kommt **psychische Beihilfe** in Be-tracht.

    - Dabei kann die objektive Zurechnung unter dem Aspekt der Risi-koverringerung entfallen, wenn sich in der leichteren Tat nicht ein qualitativ anderer Erfolg realisierte.

    - Andernfalls kommt jedenfalls eine Rechtfertigung nach § 34 StGB in Betracht, wenn die schwerere Tat nicht anders verhin-dert werden konnte.

- Beim Bestimmen zu einer völlig anderen Tat liegt hingegen eine nach § 26 StGB **strafbare** Anstiftung vor (Stichwort: *Umstiftung*).

Vertiefungsfundstelle

Hillenkamp/Cornelius Problem Nr. 25

Anstiftung ohne Vorsatztat bei objektiver Willensherrschaft

Der Veranlasser einer Straftat kann mittelbarer Täter oder Anstifter sein. Beherrscht der Hintermann den Tatverlauf **objektiv**, ohne dies zu wissen, weil er von einer Kontrolle des Geschehens durch den Vordermann ausgeht (Stichwort: *potentielle Tatherrschaft*), handelt er ohne Willensherrschaft. Mittelbare Täterschaft scheidet deshalb aus. Die Strafbarkeit des Hintermanns als Anstifter ist weitgehend anerkannt, wenn der Ausführende vorsätzlich handelte und sich der Herrschaftsmangel beim Täter aus einem anderen Grund ergab. Der **Anstiftervorsatz sei ein Minus** zum bestehenden Tatherrschaftswillen (Stichwort: *Plus-Minus-Theorie*). Umstritten ist

Streitstand ⇨ die Bestrafung nach § 26 StGB, wenn der Hintermann irrig von einer Vorsatztat des Vordermanns ausging.

Bsp.: H fordert V auf, O bei der Polizei anzuzeigen und glaubt dabei irrig, V kenne die Unrichtigkeit der Beschuldigung. §§ 164 I, 26 StGB?

a) Anstiftungstheorie

Teilweise wird eine Bestrafung des Hintermanns wegen **Anstiftung** auch bei irriger Annahme einer Vorsatztat befürwortet.

Argumente:

- Der Täter hat den Erfolg subjektiv vorsätzlich herbeigeführt und sein objektiver Beitrag ging sogar über das Erforderliche hinaus (Stichwort: *objektives Beteiligungsplus*).
- Teilnahme kann als **Mitwirkung ohne Tatherrschaft** gefasst werden.

b) Ablehnende Theorie

Überwiegend wird eine Bestrafung wegen Anstiftung **abgelehnt**.

Argumente:

- Der Gesetzgeber hat in §§ 26, 27 StGB nur die Beteiligung an einer **vorsätzlichen** Tat unter Strafe gestellt (Stichworte: *Wortlaut, Art. 103 II GG*).
- Die gesetzgeberische Entscheidung, **ohne** vorsätzliche Haupttat **nur** unter den engen Voraussetzungen des § 30 StGB zu bestrafen, ist eindeutig (Stichwort: *§ 30 abschließend*).

- Die **bloße Vorstellung** einer vorsätzlichen Haupttat **genügt nicht**, weil ein objektives Merkmal der Beteiligung nicht durch ein subjektives Beteiligungsplus ersetzt werden kann (Stichwort: *keine „Kompensation"*).

Hinweise

- Der **Plus-Minus-Gedanke** gilt **nicht**, wenn mittelbare Täterschaft gegenüber der Anstiftung die weniger schwere Beteiligungsform darstellt, wie etwa in §§ 159, 160 StGB.

- Im **umgekehrten Fall** (Stichwort: *eingebildete Tatherrschaft*) der **vermeintlichen mittelbaren Täterschaft** *(Bsp.: A gibt der vermeintlich arglosen Krankenschwester eine Giftspritze. Sie nimmt die Einspritzung vor, obwohl sie die Sache durchschaut.)* gilt:

  - Mittelbare Täterschaft wird überwiegend abgelehnt, weil die Tatausführende die Sachlage objektiv vollständig beherrscht. Es liegt aber ein **Versuch** vor, wenn die Einwirkung auf das vermeintliche „Werkzeug" nach der Vorstellung des Hintermanns das Stadium der Vorbereitung überschritten hat. Wann das genau der Fall ist, ist im Detail streitig, vgl. Streitstand Nr. 46. Die versuchte Täterschaft ist eine versuchte Tatbestandsverwirklichung: Der Hintermann wollte die Tat nach § 25 I Fall 2 StGB durch einen anderen begehen.

  - Daneben liegt auch **vollendete Teilnahme** vor.

    - Das ist anerkannt, soweit die Annahme der Tatherrschaft nicht auf dem vermeintlich fehlenden Vorsatz des Ausführenden beruht. Die Voraussetzungen des § 26 StGB liegen dann nämlich vor: Der Hintermann hat den Vordermann zu dessen vorsätzlich begangener rechtswidriger Tat bestimmt *(Bsp.: H fordert V, den er irrig für geisteskrank hält, zum Diebstahl auf.)*. Anders als im obigen Streitstand ist hier objektiv eine vorsätzliche Haupttat gegeben.

    - Nimmt der Hintermann **irrig vorsatzloses Handeln der Vorderfrau** an, gilt nach überwiegender Auffassung nichts anderes. Zwar richtet sich der Vorsatz des Hintermanns nicht auf eine vorsätzliche Tat der Vorderfrau. Jedoch gilt die **Plus-Minus-Theorie**: Der Teilnehmervorsatz ist im Tatherrschaftsbewusstsein enthalten. Anders als die objektiv vorsätzliche Haupttat ist ein Teilnehmerwille nicht konstitutiv für §§ 26, 27 StGB.

Vertiefungsfundstelle

Roxin AT II § 25 Rn 158 ff.

122

Der Vorsatz des Anstifters muss sich sowohl auf die Anstifterhandlung als auch auf die Begehung der rechtswidrigen Tat durch den Täter beziehen. Dabei ist anerkannt, dass der Anstifter die **Vollendung** der Haupttat in seinen Vorsatz aufgenommen haben muss. Der klassische **agent provocateur** ist deshalb straflos. Umstritten ist,

Streitstand ⇨ **ob trotz Vollendungsvorsatzes bezüglich der Haupttat Anstiftung ausscheiden kann.**

a) Lehre von der formellen Vollendungsgrenze

Teilweise wird vertreten, als Anstifter sei zu bestrafen, wer die **formelle Vollendung** der Haupttat in seinen Vorsatz aufnehme.

Argumente:

- Nur die Tatvollendung bietet eine **klare Grenze** für den Beginn der Anstifterstrafbarkeit, die im Interesse der **Rechtssicherheit** erforderlich ist (Stichwort: **Bestimmtheit**).

- Der Haupttäter kann nach Vollendung auch nicht mehr strafbefreiend zurücktreten, indem er materielle Rechtsgutsbeeinträchtigungen abwendet (Stichwort: **Rücktrittsparallele**).

b) Materielle Beendigungslehre

Wohl überwiegend wird die Auffassung vertreten, Anstifter sei nur, wer auch die **materielle Beendigung** durch tatsächliche Verletzung des geschützten Rechtsguts in seinen Vorsatz aufgenommen habe.

Argumente:

- Anstiftung setzt einen eigenständigen Rechtsgutsangriff voraus, an dem es ohne Willen zur materiellen Rechtsgutsverletzung fehlt (Stichwort: **Strafgrund der Anstiftung**).

- Die Unbestimmtheit der materiellen Beendigung einer Tat schließt zwar aus, daran die Strafbarkeit zu knüpfen, nicht aber die **hier gemeinte** Straflosigkeit (Stichwort: **Unbestimmtheit „zu Gunsten" des Täters**).

Vertiefungsfundstellen

Hillenkamp/Cornelius Problem Nr. 24; *Kühl* Strafrecht AT § 20 Rn 201 ff.

<table>
<tr><td>**74**</td><td><h1>Kausalitätserfordernis
bei Beihilfe</h1></td><td>F
§ 27
Rn 14 ff.</td></tr>
</table>

Tathandlung iSv § 27 I StGB ist das **Hilfeleisten**. Die bloße Anwesenheit einer Person zur Tatzeit am Tatort genügt aber nicht (in Betracht kommt in diesem Fall nur Beihilfe durch Unterlassen). Umstritten ist jedoch

Streitstand  ⇨   **das Erfordernis der Mitursächlichkeit der Beihilfehandlung für den Erfolg der Haupttat.**

a) Kausalitätslehre

Teilweise wird **Kausalität** zwischen Beihilfehandlung und tatbestandsmäßigem Erfolg der Haupttat verlangt (Stichwort: *Erfolgsverursachung*).

Argument:

- Ohne Kausalität kann gar nicht bestimmt werden, ob objektiv ein Gehilfenbeitrag vorliegt (Stichwort: *objektiver Haupttatbezug*).
- Jede Abgrenzung zur **straflosen versuchten Beihilfe** wird unmöglich.

b) Risikoerhöhungslehre

Teilweise wird für ausreichend gehalten, dass der Gehilfe die **Erfolgschancen** für die Haupttat steigere.

Argument:

- Das **Zurechnungsprinzip** der Beihilfe ist **Risikoerhöhung**, nicht Verursachung, weil es den Gedanken der Haupttatförderung am besten beschreibt.

c) Förderungstheorie

Überwiegend – auch von der Rechtsprechung – wird vertreten, die Beihilfehandlung müsse nicht ursächlich für den Erfolg der Haupttat sein, ihn aber **irgendwie gefördert** haben (Stichwort: *„Modifikationskausalität": ermöglichen, erleichtern, intensivieren, absichern*).

Argumente:

- Aus kriminalpolitischen Gründen erfasst § 27 StGB alle Formen der Tatförderung, was vom möglichen **Wortsinn** des „Hilfeleistens" gedeckt ist.
- Bereits das Hilfeleisten stellt einen **eigenen Rechtsgutsangriff** des Gehilfen dar, weil auch er die Haupttat begünstigt. Das wird besonders deutlich, wenn die Haupttat im Versuch stecken bleibt.

Neutrales Alltagsverhalten kann Straftaten fördern *(Bsp.: Verkauf von Werkzeug, das für einen späteren Bankraub verwendet wird).* Schon bedingter Vorsatz bezüglich der Haupttat würde dabei die Strafbarkeit wegen Beihilfe ergeben, weil der Gehilfenvorsatz keine Kenntnis von Einzelheiten der Haupttatbegehung voraussetzt. Deshalb ist umstritten,

Streitstand  **inwieweit berufstypische und alltägliche Verhaltensweisen strafbare Beihilfe sein können.**

a) Extensive Theorie

Teilweise werden neutrale alltägliche und berufstypische Gehilfenbeiträge nach **allgemeinen Beihilferegeln** bewertet. Einschränkungen objektiver oder subjektiver Art seien nicht gerechtfertigt.

Argumente:

- Strafwürdiges Unrecht entfällt nicht „kraft Alltäglichkeit" (Stichwort: *Gleichbehandlung*).

- Zur Vermeidung von **Strafbarkeitslücken** ist § 27 StGB **einheitlich** anzuwenden (Stichwort: *Einheitlichkeit*).

b) Theorien objektiver Tatbestandsbeschränkungen

Im Schrifttum wird überwiegend – mit vielen Unterschieden im Detail – der objektive Tatbestand der Beihilfe verneint, wenn der Gehilfenbeitrag **sozialadäquat** war bzw. **kein rechtlich missbilligtes Risiko** geschaffen hat.

Argument:

- Alltagsverhalten ist grundsätzlich von der allgemeinen Handlungsfreiheit, Art. 2 I GG, gedeckt und bedarf keiner strafrechtlichen Sanktion, wenn nicht besondere Umstände das Verhalten als sozialinadäquat oder besonders risikoreich erscheinen lassen.

c) Subjektive Lösungen

Nach der Rechtsprechung ist ein Gehilfenbeitrag durch Alltagsverhalten von § 27 StGB nur erfasst, wenn der Gehilfe **weiß**, dass das Handeln des Haupttäters auf die Begehung einer Straftat zielt. Teilweise wird die **Erkennbarkeit des deliktischen Sinnbezugs** für ausreichend gehalten, teilweise auch ein **positiver Tatförderungswille** gefordert.

- In Alltagshandlungen liegt ein strafbarer Rechtsgutsangriff **nur**, wenn der Beteiligte den Bezug seines Verhaltens zur Straftat positiv erkennt.

- Alltäglichkeiten **verlieren** ihren „harmlosen" Charakter, sofern ihr Deliktsbezug vom Täter erkannt wird.

Hinweise

- Die Diskussion zum neutralen Alltagsverhalten ist außerordentlich umfangreich und ausdifferenziert. Im Ergebnis geht es aber „nur" um eine schlichte **Wertungsfrage**, wobei sich Wissenschaft und Rechtsprechung bemühen, diese in strafrechtsdogmatische Kategorien zu packen. Deshalb empfehle ich für die Klausur, diese Wertungsfrage durch eine Gesamtabwägung unter Einbeziehung der Kriterien aller „Theorien" zu entscheiden. Für den Prüfungsaufbau kann man sich dabei auf den Boden der Rechtsprechung stellen und im subjektiven Tatbestand die Ausgangsfrage aufwerfen, ob neutrales Alltagsverhalten einer strafrechtlichen Sonderbewertung bedarf.

  Wertungskriterien für die Klausur sind:

  - Bleibt die Gehilfenhandlung tatsächlich innerhalb des sozial Üblichen und Akzeptierten (Stichwort: *Sozialadäquanz*) bzw. Berufstypischen oder weicht sie davon – zumindest teilweise – ab?

  - Wurde ein **rechtlich missbilligtes Risiko** geschaffen?

  - Wurde ein **deliktischer Sinnbezug** hergestellt, mit direktem Vorsatz gehandelt oder gar mit Tatförderungswillen?

- Mehrere **Problemkreise aus dem Besonderen Teil des StGB** sind mit diesem Streitstand verwandt. Hier zwei *Beispiele*:

  - Macht sich ein Verteidiger wegen **Geldwäsche** strafbar, wenn er bedingt vorsätzlich „bemakeltes Geld" als Honorar annimmt? Nach einem Spruch des BVerfG hat auch der BGH entschieden, dass § 261 StGB im Sinne der subjektiven Theorie in diesen Fällen nur bei direktem Vorsatz anwendbar sei: Der Anwalt müsse positiv wissen, dass das Honorar aus einer Straftat stammt.

  - Kann ein Berufswaffenträger die Qualifikation der §§ 244 I Nr. 1 lit. a, 250 I Nr. 1 lit. a StGB erfüllen?

Vertiefungsfundstelle

Hillenkamp/Cornelius Problem Nr. 28

Grenzen
sukzessiver Beihilfe

Wie bereits bei § 25 II StGB stellt sich auch bei der Beihilfe die Frage,

 **Streitstand** ⇨ **ob eine sukzessive Beteiligung im Stadium zwischen Vollendung und Beendigung der Straftat möglich ist**

a) Beendigungslehre

Weit häufiger als bei sukzessiver Mittäterschaft wird im Bereich der Beihilfe eine Beteiligung zwischen Vollendung und Beendigung der Haupttat für **möglich** gehalten.

Argumente:

- Die Hilfeleistung muss – anders als die „gemeinschaftliche Begehung" iSv § 25 II StGB – **kein** tatbestandsmäßiges Verhalten sein. Für die Zeitschranke der Deliktsvollendung fehlt damit der Anknüpfungspunkt.

- Die Abgrenzung zu Begünstigung oder Strafvereitelung (§§ 257, 258 StGB) richtet sich nach Vorstellung und **Willen** des Täters: Geht es ihm um die Förderung der Haupttat, kommt Beihilfe in Betracht, will er Tatvorteile sichern oder der Bestrafung des Haupttäters entgegenwirken, §§ 257 f. StGB.

b) Vollendungslehre

Teilweise wird vertreten, dass Handlungen, die nach tatbestandlicher Vollendung zugunsten des Täters vorgenommen werden, **nicht** als Beihilfe erfasst werden könnten.

Argumente:

- Die Konstruktion der Beihilfe nach Tatvollendung führt **gesetzeswidrig** zu einem gegenüber §§ 257, 258 StGB erhöhten Strafrahmen.

- Die **Abgrenzung** zwischen sukzessiver Beihilfe und §§ 257, 258 StGB **nach** der **Vorstellung** des Täters ist **unmöglich**, da der Täter selbst nicht zwischen Begünstigung oder Beihilfe unterscheidet.

- Der **Rechtsgutsangriff** ist vollendet; Hilfe dazu ist nicht mehr möglich.

Hinweis

Die Argumentationslinien verlaufen bei sukzessiver Beihilfe anders als bei Mittäterschaft: Hier spielt die **Abgrenzung** zu typischen Nachtatdelikten eine große Rolle.

Konkurrenzen

Ist in der Klausur festgestellt, welche Straftatbestände der Täter durch sein Handeln verwirklicht hat, muss geprüft und entschieden werden, in welchem Verhältnis diese zueinanderstehen. Dies ist nach Maßgabe der Konkurrenzlehre zu beurteilen.

Dabei gibt es zwei Leitfragen:

- Welche Delikte müssen im Tenor genannt werden, um das volle verschuldete Unrecht erschöpfend darzustellen (Stichwort: *Gesetzeskonkurrenz*)?

- Wie stehen die im Tenor erscheinenden Tatbestände zueinander (Stichwort: *echte Konkurrenz*)?

Bei der Frage der Gesetzeskonkurrenz müssen Subsidiarität, Spezialität und Konsumtion geprüft werden. Bei der Frage der echten Konkurrenz muss entschieden werden, ob und welche Straftatbestände durch „eine Handlung" verwirklicht wurden (dann Tateinheit iSv § 52 StGB; ansonsten Tatmehrheit iSv § 53 StGB).

Im Einzelnen finden Sie hier folgende Streitstände:

Die Konsumtion ist neben Spezialität und Subsidiarität ein Unterfall der **Gesetzeskonkurrenz**. Sie erfasst Fälle, in denen der Unrechtsgehalt eines Delikts den des anderen zwar nicht notwendig, aber regelmäßig enthält (Stichwort: *typische Begleittaten*). Es wird dabei stets nur wegen des schwereren Delikts bestraft.

Bsp.: Versuch und Vollendung; Täterschaft und Teilnahme; Tun und Unterlassen; mitbestrafe Nachtat.

Umstritten ist,

 ⇨ **ob ein verwirklichtes Regelbeispiel zur Konsumtion anderer Straftatbestände führen kann.**

Bsp.: Beim Einbruchsdiebstahl, §§ 242 I, 243 I 2 Nr. 1 StGB, geht es um das Verhältnis zu Hausfriedensbruch und Sachbeschädigung, §§ 123 I und 303 StGB.

a) Konsumtionstheorie

Bislang wurde überwiegend vertreten, Regelbeispiele könnten Straftatbestände **konsumieren**.

Argumente:

* Regelbeispiele sind **tatbestandsähnlich** und bereits deshalb **qualitativ konsumtionsfähig** (Stichwort: *Tatbestandsähnlichkeit*).

* **Dogmatisch** verdrängt nicht das Regelbeispiel isoliert die andere Strafnorm, sondern den Straftatbestand im besonders schweren Fall insgesamt (Stichwort: *Einheit von Tatbestand und Regelbeispiel*).

b) Theorie der Konsumtionsunfähigkeit

Der BGH hat mit einem Beschluss vom 7.8.2001 einen Meinungsumschwung eingeleitet. Er neigt zu der Ansicht, dass **Regelbeispiele grundsätzlich nicht in der Lage seien, Straftatbestände zu verdrängen**.

Argumente:

* Regelbeispiele sind keine Straftatbestände, sondern **bloße Strafzumessungsregeln**. Sie sind daher bereits **qualitativ** nicht zur Verdrängung einer Strafnorm geeignet (Stichwort: *Strafzumessungsregel*).

129

- Regelbeispiele werden **im Schuldspruch im Urteil nicht erwähnt**. Würden sie Straftatbestände konsumieren, büßte der Schuldspruch seine Funktion ein, das verwirkte Unrecht wiederzugeben (Stichwort: *Klarstellungsfunktion Schuldspruch*).

Hinweise

- Eine andere Frage ist, ob beim Einbruchsdiebstahl **überhaupt noch typischerweise** § 303 StGB verwirklicht wird. Angesichts des Fortschritts der Technik *(Bsp.: Umgehung von Alarmanlagen)* kann man daran heute zweifeln. Konsumtion wird auch dann zweifelhaft, wenn es sich beim Opfer des Diebstahls und der Begleitdelikte nicht mehr typischerweise um den gleichen Rechtsgutsträger handeln sollte. Das alles sind empirische Fragen.

- Sollen Hausfriedensbruch oder Sachbeschädigung zugleich die **Begehung weiterer Straftaten ermöglichen**, liegt Tateinheit mit Diebstahl vor; dann kann von bloßen Begleittaten nicht mehr gesprochen werden. Vielmehr muss deren eigenständige Funktion jedenfalls **klargestellt** werden.

- Der unbefugte Gebrauch eines Kfz nach § 248b StGB konsumiert den Benzindiebstahl, da der niedrigere Strafrahmen anderenfalls leerliefe. Teilweise wird aus diesem Grunde auch Subsidiarität angenommen; die Rechtsprechung verneint bereits den Tatbestand des § 242 StGB.

Vertiefungsfundstelle

BGH, Urteil vom 7.8.2001 – 1 StR 470/00 – NStZ 2001, 642

Voraussetzung für das Vorliegen von Tateinheit i. S. d. § 52 I StGB ist, dass der Täter die Straftaten durch *eine* Handlung im natürlichen oder im rechtlichen Sinn verübt hat. Umstritten ist dabei,

 **Streitstand** ⇨ **ob zwei materiell selbständige Taten durch ein Dauerdelikt zur Tateinheit verklammert werden können.**

a) Verklammerungstheorie

Zumeist – auch von der Rechtsprechung – wird die Möglichkeit der Verklammerung **bejaht**, wenn **nicht beide Delikte schwerer** wiegen als das Dauerdelikt.

Argument:

- Die Verklammerung zur Idealkonkurrenz ist ein **Kompromiss**: Ohne sie würde das Dauerdelikt im Schuldspruch doppelt erscheinen, nämlich sowohl in Tateinheit mit der einen Tat als auch mit der anderen (Stichwort: *tateinheitlicher Dopplungseffekt*). Wenn das Dauerdelikt schwerer wiegt als auch nur eine der beiden anderen Taten, ist zur Vermeidung der Unrechtsdopplung im Schuldspruch von Tateinheit auszugehen.

b) Anti-Verklammerungstheorie

Teilweise wird einer Verklammerung mittels eines Dauerdelikts **abgelehnt**.

Argument:

- Kein Täter kann einer an sich gebotenen Strafschärfung nach § 53 StGB dadurch entgehen, dass er **statt zwei gleich drei** Strafgesetze verletzt (Stichwort: *Unrechtsplus statt -minus*).

Hinweis

Die Verklammerung eines **Zustandsdelikts mit einem Dauerdelikt** wird überwiegend abgelehnt, wenn das Dauerdelikt nur bei Gelegenheit des Zustandsdelikts begangen wird, hingegen zugelassen, sofern auch nur eine lose Zweck-Mittel-Beziehung besteht, etwa wenn erst das Dauerdelikt die Voraussetzungen zur Begehung des Zustandsdelikts schafft.

Vertiefungsfundstelle

Roxin AT II § 33 Rn 101 ff.

Würde der Grundsatz **in dubio pro reo** streng angewendet, müsste der Täter auch freigesprochen werden, wenn zwar feststeht, dass er gegen ein Strafgesetz verstoßen hat, aber unklar bleibt, gegen welches. Das wird selten unter Hinweis auf **Art. 103 II GG** vertreten. Vertreter der anderen Extremposition gewähren dem Prinzip **materieller Gerechtigkeit** absoluten Vorrang und bestrafen immer auf wahldeutiger Grundlage. Ganz überwiegend hingegen ist anerkannt, dass eine echte Wahlfeststellung nur unter **bestimmten zusätzlichen Voraussetzungen** möglich ist. Umstritten ist,

 **Streitstand** ⇨ **in welchem Verhältnis die verschiedenen in Betracht kommenden Straftatbestände bei echter Wahlfeststellung stehen müssen.**

a) Vergleichbarkeitstheorie

Nach ständiger Rechtsprechung müssen die wahlweisen Straftatbestände **rechtsethisch und psychologisch vergleichbar oder gleichwertig** sein. Das sei der Fall, wenn die betroffenen Rechtsgüter wesensähnlich und die Motivationslagen des Täters gleichwertig sind.

Argumente:

- Nur bei Vergleichbarkeit der Straftatbestände gebührt dem Prinzip der materiellen Gerechtigkeit Vorrang vor dem Grundsatz in dubio pro reo, weil diese Situation der Verletzung desselben Strafgesetzes nahesteht (Stichwort: *Nähe zur unechten Wahlfeststellung*).

- Die Vergleichbarkeitsprüfung muss auch die jeweiligen Schuldvorwürfe umfassen, weil das Schuldstrafrecht die Gleichwertigkeit von Straftaten nicht nur nach dem typischen Unrechtsgehalt festlegt (Stichwort: *Schuldelemente*).

b) Theorie von der Identität des Unrechtskerns

Teilweise wird eine echte Wahlfeststellung nur bei Delikten mit **identischem Unrechtskern** für möglich gehalten. Das sei der Fall, wenn sowohl Rechtsgüter gleicher Art oder Gattung betroffen sind als auch der Handlungsunwert der verschiedenen Deliktsverwirklichungen etwa gleichwertig erscheint.

Argumente:

- Die Vergleichbarkeitsformel der Rechtsprechung führt zu zufälligen, nicht vorhersehbaren Ergebnissen (Stichwort: *Rechtssicherheit*).

- Alternative Verurteilungen sind nur dann berechtigt, wenn die wahldeutig festgestellten Straftaten sich in ihrem **typischen** kriminellen Unrechtsgehalt nach Art und Umfang wesentlich gleichen. Tatbestandsirrelevante Motivationen des Täters im Einzelfall sind auch hier irrelevant.

Hinweise

- Eine Wahlfeststellung scheidet aus, wenn in dubio pro reo eine **eindeutige** Tatsachengrundlage geschaffen werden kann. Das ist etwa bei nicht aufklärbarer Sachverhaltsalternativität der Fall, wenn die Alternativen in einem **Stufenverhältnis** zueinanderstehen, wie z.B.:

  - Versuch – Vollendung

  - Grundtatbestand – Qualifikation

  - Nicht ohne weiteres aber: Vorsatz – Fahrlässigkeit. Es handelt sich nicht um ein Minus, sondern um ein Aliud.

- Bei **unechter (= gleichartiger) Wahlfeststellung** ist sicher, welches Strafgesetz der Täter verletzt hat, jedoch unklar, aufgrund welcher seiner Handlungen.

- **Beispiele für echte (= ungleichartige) Wahlfeststellungen:**

  - Diebstahl und Hehlerei

  - Meineid und falsche Verdächtigung

  - Bei schwerem Raub und Hehlerei fehlt die Vergleichbarkeit, jedoch kann der Raub auf den von ihm umfassten Diebstahl reduziert werden. Auf dieser Grundlage ist eine wahldeutige Verurteilung möglich.

- **Keine** Wahlfeststellung ist etwa möglich bei

  - Rauschtat und Vollrausch nach § 323a StGB

  - vorsätzlicher und fahrlässiger Tatbegehung.

Vertiefungsfundstelle

Sch/Schl/Hecker § 1 Rn. 57 ff.

80

Postpendenz trotz Zweifelsgrundsatz

Von Postpendenz wird gesprochen, wenn von zwei Sachverhalten nur der zeitliche frühere in tatsächlicher Hinsicht ungeklärt bleibt (Stichwort: *einseitige Sachverhaltsungewissheit*), jedoch die rechtliche Bewertung der zeitlich späteren vom ungeklärten Vortatgeschehen abhängt. Umstritten ist,

 ⇨ **ob in Postpendenzfällen wegen des eindeutigen späteren Geschehens bestraft werden kann.**

Bsp.: A hat sich einen gestohlenen Ring vorsätzlich verschafft, jedoch bleibt unaufklärbar, ob er ihn nicht auch selbst zuvor entwendet hatte.

a) Eindeutigkeits-Lösung

Ganz überwiegend wird bei einseitiger Sachverhaltsungewissheit die **eindeutige Verurteilung** wegen der späteren Tat für richtig gehalten.

Argumente:

- Die Strafbarkeit einer Folgetat wegen Vortatbeteiligung kann nur dann entfallen, wenn die **Vortat bewiesen** ist. Andernfalls fehlt bereits jede Grundlage für einen Strafbarkeitsausschluss.

- Eine **wechselseitige** Anwendung des Zweifelssatzes kommt nur in Betracht, wenn **zweiseitige** Sachverhaltsungewissheit besteht.

- Auch im **umgekehrten Fall** der feststehenden Vortat würde das spätere Delikt immer zurücktreten. Hier gilt für die Bestrafung nichts anderes.

b) Wahlfeststellungs-Lösung

Teilweise wird eine **echte Wahlfeststellung** getroffen.

Argument:

- Bezüglich der Vortat muss zugunsten des Beschuldigten unterstellt werden, dass er sich nicht strafbar gemacht hat. Bezüglich der späteren Tat muss zu seinen Gunsten das Gegenteil unterstellt werden. Die Ungewissheit der **Strafbarkeit** ist daher **zweiseitig**. Eine Verurteilung kommt nur nach Wahlfeststellungsgrundsätzen in Betracht.

Vertiefungsfundstelle

Wachsmuth/Waterkamp JA 2005, 509

Stichwortverzeichnis